EL LIBRO DE LA MADERA

Una vida
en los bosques

EL LIBRO DE LA MADERA

MADERA

Una vida
en los bosques

———

Lars Mytting

Prólogo de
Roy Jacobsen

Traducción del noruego de
Kristina Solum y **Antón Lado**

El aroma de la leña fresca

El aroma de la leña fresca
pervivirá entre tus recuerdos últimos cuando caiga el velo.
El aroma de la leña fresca y blanca
en la temporada de la savia, cada primavera:
como si la vida misma pasara, descalza
y con rocío en el pelo.
La fragancia extrañamente desnuda
que se postra en tu silencio interior,
delicada, femenina y trigueña,
y toma por flauta de sauce
la caña de tus huesos.
Con la helada bajo la lengua
buscas la yesca que prenda una palabra.
Y, gentil como brisa sureña en el pensamiento,
percibes que aún hay en el mundo
algo digno de confianza.

Hans Børli

Página 2. Con una combinación de leños gruesos, leños finos y ramas, la estética alcanza nuevas alturas. Esta pila la creó Arthur Tørisen, jefe de Correos jubilado en Kvam, en Gudbrandsdalen, cuando tenía setenta y seis años.

Página 5. La corteza de abedul es impermeable y tiene muchos usos. Aquí se aprovecha para proteger de la lluvia una pila tradicional noruega, un método que se conoce desde hace cientos de años.

Página 6. Antaño, a las astillas de abeto y álamo temblón se las llamaba «leña de cocina», y era la madera preferida para las estufas de cocina, ya que se quema rápida e intensamente y permite una temperatura estable y fácil de controlar. A los leños gruesos de abedul se los llamaba «leña de salón».

ÍNDICE

———

PRÓLOGO: CORTAR LEÑA

La experiencia me dice que cortar leña es algo muy personal. Por eso a menudo me he preguntado si soy un leñador del tipo estoico, como Kjell Askildsen, un escritor noruego capaz de cortar leña durante horas y horas, sin apartar la mente de un único pensamiento. O si soy más bien del tipo sanguíneo, el que se despreocupa de todo mientras las virutas vuelan a su alrededor y las pilas se van haciendo más altas. O tal vez me parezca a mi padre, que respondía al perfil del acumulador medio neurótico, el acaparador, muy representativo de esa generación de noruegos que vivió la Segunda Guerra Mundial y sus estrecheces. Cuando murió, supimos que si aparcaba siempre el Mazda en la calle era porque tenía el garaje lleno de leña, unos 35 o 40 m³. Yo heredé toda esa carga: la llevé a mi casa en un camión y la apilé en el jardín, y en el sótano, y en el trastero. Trece años más tarde, aún guardo algo, y eso que siempre tenemos la estufa calentando a tope.

También está el leñador estético, el poeta, que trabaja con una plantilla para asegurarse de que toda su obra quede exactamente de la misma longitud, y se esmera por que sus leños sean uniformes, delgados y de perfil cónico. Así pueden apilarse en perfecto orden militar y en un lugar bien visible, coronado, a poder ser, con un tejadito de madera para que el conjunto parezca una escultura de esas que uno halla en las páginas de un libro de fotografías de gran formato.

También habría que mencionar al típico inútil, que curiosamente suele encontrarse entre los jóvenes medioambientalistas, gente acostumbrada a la vida al aire libre, a las excursiones de esquí de fondo y a la pesca con mosca, que rara vez levanta algo más que una hoguera de campamento, siempre que esté permitido, claro, valiéndose de minihachas de juguete verdes y minisierras plegables también verdes, compradas en la tienda de deportes al aire libre por un precio espeluznante. Gente que cree saberlo todo sobre la leña, y que por lo tanto nunca aprende. Estos tipos te pueden hablar con aire de entendidos sobre ramas de abeto y corteza de abedul y abedul putrefacto, que fingen despreciar en favor del pino, aun cuando a este respecto deberían andarse con cuidado, sobre todo si son del este de Noruega, donde el pino se ve amenazado por una plaga cada vez más importante de alces. Si bien es cierto, resoplan si se les dice que la mejor leña, la que más kilojulios da por metro cúbico, es el haya, seguida por el roble y el fresno, y con el abedul compitiendo con el serbal un poco más abajo en el *ranking*; solo entonces vienen el pino y el abeto (y eso si obviamos el cerezo, el manzano y demás maderas nobles), por no hablar del aliso gris, que apenas da más calor que la balsa, puro papel cartón, por muy seco y bien conservado que esté, que queda (creo) en el octavo puesto, y que no debemos dudar en dejar para el castor, que por suerte se está reincorporando a la fauna noruega. Echaba de menos al castor.

También habría que dedicarle unas palabras al enfoque industrial, cuyos máximos exponentes son los paisanos de mediana edad para arriba y despojados de sentido del humor que hoy día solo trabajan con el hacha y la cuña de forma excepcional, y que prefieren elegir entre dos tipos de astilladoras hidráulicas: una eléctrica y una para montar en el tractor. Llevan cascos naranjas, chalecos, gafas de seguridad, protectores auditivos, guantes y botas Muck con punta de acero, aunque no hacen otra cosa que ponerse de pie delante de la casa al sol otoñal y asegurarse de que han colocado la astilladora sobre dos viejos palés, para que los leños caigan directamente al remolque: luego los meterán marcha atrás en el viejo granero y los depositarán en el espacio de la derecha, donde antaño se almacenaba la paja. Es un trabajo provechoso, pero no les brinda un placer particular. Eso viene después, cuando pueden parar las máquinas, liberarse del equipamiento de protección y encender un pitillo que ellos mismos han liado.

Con la excepción del inútil y el esteta, supongo que en realidad soy una mezcla de todos esos temperamentos, aunque no dejo de pensar que a esta colección de arquetipos le falta algo. El caso es que, para ser sincero, empiezo a estar hasta las narices de cortar leña. Últimamente, nuestro consumo en la cabaña es tan alto que me ha tocado cortar demasiada, así que debo de haberme convertido en una desgraciada mezcla entre el acaparador y el idiota (el tipo de las gafas de seguridad y los protectores auditivos), que se pone manos a la obra con fastidio, irritación e impaciencia; también se me hace aburrido. Y caigo en la cuenta de que en las categorías mencionadas he omitido por completo tanto al sicario como al colérico, por no hablar del psicópata, el representante de los lados más oscuros de la naturaleza humana, que no podemos olvidar cuando hablamos en serio del arte de cortar leña: ¡a fin de cuentas, se trata de despedazar algo! Con toda la fuerza física que se pueda reunir.

Personalmente suelo trabajar con leños de 50 o 60 centímetros y uso un mazo de hierro bien afilado, el arma de batalla más eficiente durante milenios. La vida moderna ya no ofrece muchas posibilidades semejantes de cometer un acto serio de violencia un día y disfrutar de sus consecuencias al siguiente, y todo eso sin haberle hecho daño a nadie. ¿Soy un psicópata aficionado?

Así que supongo que es eso lo que suelo pensar cuando me pongo delante del tajo estos días: que lo que tengo entre manos me conecta con la historia. Me dice algo acerca de quién soy y de dónde vengo.

Roy Jacobsen

EL VIEJO Y LA LEÑA

Todavía puedo evocar con casi todos mis sentidos el día en que comprendí que la calefacción de leña es algo más que calefacción. No ocurrió un gélido día de invierno; de hecho, fue a finales de abril. Hacía semanas que le había quitado los neumáticos de invierno al Volvo, y los esquís estaban bien raspados y limpios de cera.

Nos habíamos mudado a Elverum, en el sudeste de Noruega, justo antes de Navidad. Pasamos la última mitad de un invierno no demasiado duro —para tratarse del valle de Østerdalen— con la ayuda de un calefactor de motor y un par de climatizadores. En la casa de al lado vivía una pareja ya jubilada. Buena gente, nacida en la época de posguerra, de una generación alegre y trabajadora. Ottar, el marido, tenía una enfermedad pulmonar y no había salido de casa en todo el invierno.

Ese día de abril, mientras una brisa suave y primaveral acariciaba la hierba y la nieve derretida en las zanjas se convertía en barro aguado, nada quedaba más lejos de mis pensamientos que la estación que acabábamos de dejar atrás.

Entonces llegó un tractor con remolque. Frenó y accedió marcha atrás a la finca de los vecinos. Aumentó las revoluciones del motor, basculó el remolque y depositó una carga considerable de leña de abedul sobre el terreno. Bueno, ¿considerable? Era una carga *enorme*. La tierra tembló al derrumbarse la madera sobre ella.

Fatigado, corto de aliento, Ottar apareció en la entrada. El mismo hombre que, desde noviembre, apenas se había aventurado más allá del buzón, apoyado en la valla de madera al otro lado del jardín.

Allí estaba, observando la carga de leña. Se quitó las zapatillas, se calzó, cerró la puerta tras de sí, salió al jardín, esquivando con paso inseguro los charcos, se agachó, cogió un par de leños y los sopesó con la mano mientras hablaba con el campesino que los había traído y que acababa de detener el tractor.

¿Leña ahora?, me dije. ¿Cuando todo el mundo está pensando en tomarse una cerveza en la terraza?

Pero por supuesto que este era el momento. Ottar me lo hizo entender más tarde. La leña había que comprarla en abril o en mayo. Leña verde. Así, él mismo controlaba el proceso del secado, era más barato y le traían justo la cantidad que él necesitaba.

Desde la ventana de la cocina, me quedé viendo cómo el tractor continuaba su camino mientras Ottar empezaba a cargar leña y a apilarla.

Al principio, por cada leño que colocaba tomaba aliento y su pecho emitía silbidos agudos. Me acerqué para intercambiar unas palabras con él. Me lo agradeció, pero no necesitaba ayuda. «Este año hay buena leña. Toca este trozo. O este. Precioso. Qué corteza tan blanca. El corte es liso, han afilado bien la cadena de la motosierra, se nota en las virutas, que son cuadradas. Yo ya no corto, no tengo edad para ello. También está bien partido, de un corte limpio. No siempre

De nuevo disfrutaba con la sensación de estar haciendo algo con sentido.

es el caso, ahora que todo el mundo se ha pasado a la máquina de leña. Bueno, debo continuar.»

Ottar volvió a su tarea encorvado y yo regresé a mi casa. Luego di un paseo en coche por el pueblo, y comprendí que la compra de leña era un rito primaveral para todos aquellos que *habían captado el truco*. Finca tras finca, sobre todo delante de las casas más antiguas, pilas de leña; como munición lista para la temporada de caza del alce; como conservas preparadas para una expedición polar.

Pasó una semana y el montón de leña de Ottar continuaba intacto. Se diría que hasta la semana siguiente no descendió un poco. Y él mismo, ¿no parecía de pronto más espabilado?

Empecé a conversar con él. En realidad, Ottar no tenía mucho que decir sobre lo que estaba haciendo. Las palabras no hacían falta. Para un tipo que debía de haberse pasado todo el invierno fastidiado por la edad y la enfermedad que le robaba las fuerzas —un hombre que en su día fue capaz de afrontar cualquier trabajo físico—, al fin había ahí una tarea que ponía las cosas en su sitio. De nuevo disfrutaba con la sensación de estar haciendo algo con sentido, y sobre todo con la apacible seguridad de quien sabe que está preparado con antelación, que el tiempo corre de su parte.

A Ottar le gustaba que me parara a charlar con él, pero nunca le pedí que me describiera su relación con la leña. Prefería verlo en acción, realizando una tarea tangible y sencilla, que en sus manos resultaba bonita y algo íntima.

Solo en una ocasión hizo un comentario más allá de lo práctico: «Lo mejor es el aroma —me dijo—. El aroma a abedul fresco. Hans Børli, mi poeta favorito, escribió un poema al respecto».

Ottar tardó un mes en apilar la madera. Se detenía de tanto en tanto, nunca demasiado tiempo, para inspirar el aroma a abedul que Børli había descrito. Ese, y el de la resina de los pocos leños de abeto que iban apareciendo. Hasta que un día no quedaba más que corteza y serrín, que guardó para cuando tuviese que encender la chimenea.

Nunca he visto un cambio parecido en nadie. Los años y la enfermedad seguían con él, pero gracias a unos ánimos y una vitalidad renovados los mantenía a raya. Empezó a dar pequeños paseos, caminaba más erguido, y un día incluso puso en marcha un cortacésped nuevo y segó la hierba.

Me niego a creer que fuesen solo el ejercicio físico y el calor del verano los que le hicieron recobrar la salud. Fue la leña. Toda la vida había cortado su propia leña. Aunque había dejado de usar la motosierra, sentía la misma felicidad por el peso de cada leño, el aroma que lo sumergía en un poema, la seguridad que representaban las pilas, los momentos que le aguardaban frente a la estufa. Cargaba provisiones para un nuevo invierno, como quien no se cansa de acarrear lingotes de oro.

Así comenzó este libro, que me llevó, en un Volvo 240 de tracción trasera, a algunas de las zonas más frías del país, en busca de leñadores y devotos de las estufas. Me he parado en cruces a ver si escuchaba el rugido de una motosierra o, mejor aún, el chirrido de un jubilado con una sierra manual. Y luego me acercaba con cuidado e intentaba hablar de madera.

Los hechos del libro reflejan la destilada sabiduría que depararon mis encuentros con entusiastas de la leña, tanto aficionados como investigadores. He recibido mucha ayuda de las comunidades científicas noruegas que se dedican a la combustión y a la silvicultura. Por último, tuve el privilegio de leer los informes de investigación que durante muchos años se publicaron bajo el modesto título *Notificaciones del Instituto del Bosque y el Paisaje de Noruega*.

A lo largo de este tiempo yo mismo he ensayado la mayoría de estos métodos. He secado roble desmenuzado en el horno, he conseguido construir una pila redonda, me he equivocado con la trayectoria de caída del pino. En esta aventura he tratado de encontrar el alma del calor de la leña. Pero a los entusiastas de la leña no siempre les gusta exponer su pasión en palabras. Es algo que debes descubrir tú mismo, en las pilas altas y de ángulos elegantes, en la masilla fresca en las antiguas estufas de hierro fundido, en leñeras abiertas y orientadas al sur (tranquilos, de esto hablaremos más tarde). Así que en gran medida este libro trata sobre *métodos*, porque aborda los sentimientos que se expresan a través de los métodos. En un periodo asombrosamente corto tras su publicación, el libro atrajo a un sorprendente número de lectores en toda Escandinavia, y vendió más de doscientos mil ejemplares solo en Noruega y Suecia. Fans de la leña del mundo entero me han escrito para compartir sus experiencias; esta edición —adaptada a su vez para un público internacional— recoge muchas de esas experiencias.

Espero que esto lo convierta en un libro práctico, ya que sin transmitir los conocimientos sobre la tala de árboles, las estufas de esteatita, el afilado de cadenas de motosierra y el apilado, sería un relato antropológico para aquellos que ni cortan, ni apilan ni queman leña.

La madera no es un tema del que se hable mucho en la esfera pública noruega, a excepción del debate actual sobre la bioenergía. Y aun así la madera nos atañe en lo más profundo, porque nuestra relación con el fuego es ancestral, tangible y universal.

Por eso te dedico este libro, Ottar. Tú nos recordabas algo que el resto de nosotros seguimos olvidando: que siempre habrá un nuevo invierno.

Lars Mytting
Elverum, a 31 °C bajo cero

———

CAPÍTULO 1

EL FRÍO

«Fuego necesita quien de fuera llega
con las rodillas frías.»

Hávamál (Dichos del Altísimo) de la *Edda mayor*, colección de poemas en nórdico antiguo
sobre dioses y héroes mitológicos de transmisión oral y conservados en pergaminos
islandeses del siglo XIII

Era la diferencia entre pasar frío y entrar en calor. La diferencia entre la
mena y el hierro, entre la carne cruda y la costilla asada. Durante el invierno,
era la diferencia misma entre la vida y la muerte. Esa era la importancia que
tenía la leña para los primeros habitantes del norte. La recolección de leña
era, sencillamente, una de las tareas prioritarias, y el resultado de la ecua-
ción resultaba sencillo: si tenías poca, pasabas frío; si te faltaba, te morías.

———

Tal vez unos cuantos milenios de frío y sufrimiento hayan desarrollado un gen
especial de destreza para la calefacción de leña que la gente de zonas cálidas y
templadas no tiene. La leña es la razón misma por la que los habitantes del norte
estamos aquí, pues sin ella estas gélidas regiones serían inhabitables. Apenas
cien años de climatizadores y tanques de queroseno no han podido saldar esta
deuda, y tal vez el gusto que muchas personas encuentran en acopiar madera se
deba a que despierta aquel gen en nosotros, y nos conecta a través de los tiempos con aquellos recolectores de los que descendemos.

Durante miles de años la leña fue algo vital en los países nórdicos. Se sabe
que desde épocas prehistóricas la gente del norte cortaba madera verde y la
secaba para el invierno siguiente. La madera ha dejado su huella en los idiomas
escandinavos: tanto en sueco como en noruego, «leña» se dice *ved,* una palabra
casi idéntica a la que se empleaba en la lengua nórdica antigua para decir «bosque»: *viðr*. El bosque y el fuego eran una misma cosa, y desde tiempos remotos
los hombres se reunían alrededor de hogueras al raso en los asentamientos, y más

tarde en torno al fogón, mientras el humo salía por un agujero en el techo de la casa o la choza. La lengua noruega es rica en refranes antiguos para referirse al uso del fuego. El más común es «quemar leña para el grajo», es decir, gastar mucha madera o crear calor que no se aprovechará.

Por supuesto, en la antigüedad la leña era importante para toda la humanidad, no solo por el calor que proporcionaba, sino también para cocinar. Se trata de la más antigua de nuestras fuentes de energía, y las tradiciones se ven condicionadas por dos factores: el tipo de bosque existente y el acentuado descenso de las temperaturas durante el invierno. Por ejemplo, hacia 1850 el consumo de madera en París, que en aquel entonces tenía un millón de habitantes, era de 500.000 m³ anuales.

El hecho de que los países nórdicos sigan siendo un lugar especialmente interesante en el que estudiar la cultura de la calefacción de leña —donde además el consumo de esta ha ido en fuerte aumento a lo largo de los últimos treinta años— tiene que ver sobre todo con las siguientes causas: contamos con bosques abundantes; ni el uso del carbón ni el de otra fuente energética ha interrumpido nunca la tradición de calentarse con leña; los países han seguido a la vanguardia del desarrollo de estufas modernas de combustión limpia; y quizá lo más importante de todo: no podemos modernizar las condiciones climáticas. Sigue haciendo frío aquí en el norte.

Los placeres de la leña

Los métodos de corte, secado y apilado de leña son bastante similares en los países nórdicos. El consumo medio de leña en Noruega, Suecia y Finlandia es de 300, 340 y 390 kg por habitante, respectivamente, y Suecia, el país más poblado, consume tres millones de toneladas al año. Incluso en un país petrolífero como Noruega, al menos el 25% de la energía para calentar viviendas procede de la madera, y la mitad de la leña la cortan particulares.

Así que el consumo de leña de los países nórdicos no es grande, es colosal. Pero ¿cómo de colosal? Si tomamos como ejemplo el consumo anual de Noruega, que es de 1,5 millones de toneladas en un invierno medianamente frío, y presuponemos que cada leño mide 30 cm y que ponemos esta leña en una pila

Página 16. El abedul siempre se ha considerado el emperador de los bosques noruegos. Crece alto y erguido, con pocas ramas, y se hiende con facilidad. Este es un bosque meticulosamente cuidado cerca de Fåvang, en Gudbrandsdalen. La mayoría de los árboles tienen unos veinte años y el monte bajo se ha retirado a intervalos regulares.

Página 17. La canasta de secado de malla de acero es un buen complemento para las pilas de leña. Es perfecta para los leños curvados y difíciles de apilar.

Página 19. Abedul blanco del Ártico, seco y en una robusta pila cuadrada. Apilado por Eimund Åsvang, de Drevsjø.

de 2 m de altura (ignorando el considerable riesgo de derrumbe), la longitud de dicha pila sería de 7.200 km. Es decir, la pila nacional noruega se extendería desde Oslo hasta el Congo. Quizá sería más práctico ponerla en una planicie. Si siguiera con los mismos 2 m de altura, cubriría unos 2 km².

No, no hay ningún error de cálculo; lo confirman las supercomputadoras de la Oficina Central de Estadísticas de Noruega, que a menudo, cuando hace públicos los datos del consumo de leña noruegos, recibe reacciones de gente sorprendida. De hecho, la media de consumo anual hoy día en Noruega supera en un 20% la de aquel París de 1850. Una comparación más tangible es que para trasladar ese millón y medio de toneladas de madera nos harían falta unos dos mil trenes de carga, con doce vagones de leña cada uno. No deja de parecer enorme, pero el bosque ocupa un tercio de Noruega, y a vista de pájaro la pila de Noruega al Congo no es más que un hilo del grosor de un pelo. En realidad, el consumo anual de madera noruego no representa más del 12% de la tasa media de crecimiento anual, y menos del 0,5% del total de árboles del país.

Frente a lo que pueda parecer, el récord mundial de consumo de madera no pertenece a los nórdicos con sus esquís de fondo y sus anoraks de nieve, ni a los rusos siberianos ataviados con sus pieles, sino al pequeño reino de Bután, donde el consumo medio es de 850 kilos por habitante. El 90% de la energía para la calefacción y la cocina de este país procede de la leña, y en las zonas rurales el consumo es de nada menos que 1.250 kg por habitante. Los butaneses cortan casi el equivalente al crecimiento medio anual de árboles del país, y el consumo no solo es un problema natural sino también social, ya que siempre están al borde de una crisis maderera.

En el pasado, este tipo de crisis se daba con frecuencia en muchos países europeos. Si nos remontamos unos siglos atrás, el consumo de madera para la fundición, los materiales de edificación y la construcción naval era tan elevado que conllevaba la deforestación de áreas enormes, y la falta de leña representaba una amenaza constante en muchos lugares. Incluso Suecia lo pasó mal. En aquel entonces las viviendas solían calentarse con fogones abiertos que había que alimentar día y noche, lo que impuso algo parecido a lo que hoy en día se conoce como la «cocina americana», ya que todas las personas de la casa debían colocarse alrededor del fogón. Los fogones abiertos emiten poco calor, así que necesitan cantidades colosales de leña. En 1550 llegaron a agotarse 33.000 cargas de leña cuando el rey sueco Juan III pasó un invierno en el castillo de Vadstena. Cuando Suecia fundó sus múltiples fábricas siderúrgicas, se talaron grandes áreas forestales para obtener energía, y en el siglo XVIII las provisiones de madera estaban al borde de la crisis. Pero los suecos son un pueblo creativo y el Consejo del Reino encargó a dos ingenieros que construyeran un fogón más eficiente. A los pocos meses ya habían desarrollado la *kakelugn*, la célebre estufa cerámica sueca que todavía se sigue usando. De hecho, en el primer plano de 1767 se indicaba específicamente que era «para el ahorro de leña».

Por su parte, en Noruega solo se deforestaron los robledales, y el número de habitantes nunca fue tan elevado como para que la escasez de leña resultase grave. La disponibilidad de bosques también es buena en Finlandia, y tampoco allí el carbón se convirtió en una fuente dominante de calor. El consumo de leña de los países nórdicos no empezó a descender, sobre todo en las ciudades, hasta la aparición de la electricidad y el fueloil.

Seguridad en tiempos de crisis

Y entonces llegó la Segunda Guerra Mundial y el mundo dejó claras sus excelentes habilidades para afrontar los tiempos de crisis. En la Noruega de la ocupación, los acopios de coque y fueloil se redujeron de forma considerable. En 1943, la venta de leña era cuatro veces mayor que en 1938, y en las granjas se talaba a destajo. En Finlandia el suministro de energía seguía basándose principalmente en la calefacción de leña, y durante la guerra los finlandeses reunieron unos almacenes de madera formidables. Se llegaron a cortar más de 10 millones de toneladas de leña al año, y buena parte del gran mercado de Hakaniemi, en Helsinki, se llenaba de leña antes de cada invierno. El mercado tenía una longitud de 1,6 km y las pilas llegaban a medir varios metros, así que probablemente fueran las pilas de madera continuas más largas que se hayan visto jamás.

En Europa, durante la Segunda Guerra Mundial, cientos de miles de vehículos fueron equipados con tecnología de gasógeno, un sistema que en realidad tiene bastante que ver con una tecnología de combustión ultramoderna. Se instalaba una caldera en la parte trasera de los coches y se llenaba de pedacitos de madera, preferiblemente de aliso o de álamo temblón. La madera se quemaba en la caldera y los gases se mezclaban para mover el motor del vehículo. Hacían falta unos 3 kg para recorrer la misma distancia que con 1 litro de gasolina. Al terminar la guerra, el álamo temblón estaba a punto de desaparecer.

La guerra fue un recordatorio de lo valiosa que puede llegar a ser la energía de origen local en tiempos de crisis, y en la posguerra las estufas de leña resultaron decisivas para la reconstrucción de Finnmark, la región más septentrional de Noruega, más allá del círculo polar. En 1946 el gobierno urgió a los grandes fabricantes de estufas: debían reservárselas a Finnmark en lugar de exportarlas a mercados más lucrativos en el extranjero. La razón era sencilla: sin estufas de leña no habría construcción de viviendas ni posibilidad de repoblar y revitalizar esta zona devastada. De hecho, en 1944, el gobierno exiliado hace mención específica a la tala de árboles en sus planes para reconstruir el país. En cuanto acabase la guerra, y con la finalidad de asegurar leña y materiales de construcción, el país debía adquirir 220.000 hojas de sierra de arco, 515.000 limas, 10.000 piedras de afilar y 5.300 escoplos para descortezar.

La paz trajo de vuelta los métodos de calentar manufacturados y prácticos. Los antiguos anuncios de radiadores eléctricos son un reflejo del espíritu de la época. Junto con la lavadora, la aspiradora y el suelo de linóleo, el radiador formaba parte de la era moderna. Por fin la familia se veía liberada del peligro de incendio, de las astillas y el hollín que atascaba la trampilla, del vaciado de ceniza

Algunas de las pilas de leña más largas que se hayan visto jamás se erigieron durante la Segunda Guerra Mundial en el mercado de Hakaniemi de Helsinki. La madera se apilaba todos los años en pilas de varios metros de altura. Los soldados finlandeses desarrollaron una estrategia de ataque que denominaron «la maniobra motti», por *motti,* palabra finlandesa para 1 m³ de leña. Esta fotografía se sacó en algún momento entre 1941 y 1944, época en la que cada año se talaban cerca de 25 millones de metros cúbicos de madera en Finlandia.

y la vigilancia sin fin, de las casas frías si las estufas se apagaban de madrugada, del constante ir y venir con leña sobre las mangas de la camisa, de las consignas de los deshollinadores cuando había grietas en la chimenea o quemadores estropeados. Sobre todo, ahora la gente no tenía que levantarse en mitad de la noche para alimentar el radiador eléctrico. Debió de ser una maravillosa sensación de modernidad la de despertarse a medias por un clic del termostato y recordar aquellos tiempos incómodos en los que había que levantarse y salir fuera a buscar leña, antes de darse la vuelta y seguir durmiendo.

No es extraño que el consumo de leña disminuyera considerablemente en esta época. Cortar madera era casi tan laborioso en los años cincuenta como un siglo antes. Todo debía hacerse a mano. Tampoco las estufas eran tan eficientes como hoy. La electricidad y el fueloil eran alternativas baratas, requerían poco mantenimiento y permitían conservar el calor durante toda la noche. A menudo las casas estaban mal aisladas y requerían una fuente de calor sencilla durante el día, y para eso la electricidad era perfecta. Durante la posguerra la venta de leña cayó en picado. En los setenta la electricidad y el fueloil resultaban tan baratos que solo quienes tenían leña gratuita optaban por la estufa de leña como principal fuente de calefacción. En este periodo el consumo de leña alcanzó su nivel más bajo en los países nórdicos, pero pronto empezaría a aumentar, y aún hoy sigue en aumento. De hecho, tanto en Dinamarca como en Noruega el consumo de leña actual es diez veces el de 1976.

Hoy día la madera proporciona una cuarta parte de la calefacción de las viviendas noruegas, y una tala anual media para uso doméstico supone 6,5 kWh. En la práctica, el efecto que se obtiene depende de cada estufa, pero la energía que suministra la tala anual equivale a la de once centrales hidroeléctricas. Más o menos la mitad de esta leña la cortan particulares. (Y conviene añadir que a finales del siglo XIX los noruegos talaban casi dos veces más leña que ahora, y con la única ayuda del hacha y el serrucho.)

El resurgimiento del uso de leña se debe a la coincidencia de varias circunstancias. La economía de la gente era lo bastante buena para que la motosierra y el vehículo con remolque fueran bienes prácticamente comunes. Con la crisis del petróleo subieron los precios del queroseno y de la electricidad, se introdujeron las estufas de combustión limpia, y los fabricantes empezaron a interesarse mucho por el diseño. Al poco se sumaron la preocupación por el cambio climático y una mayor inestabilidad en la economía global, y la calefacción con leña, con sus cualidades medio olvidadas, volvió a resplandecer. Como fuente energética renovable y neutra en CO_2, los ecologistas la aplaudieron.

Y para colmo, casi como un elemento de un plan paralelo, la tecnología se alineó con la leña. Ahora el granjero tenía tractor, la gente tenía coches con remolque, las motosierras buenas estaban a un precio razonable y el uso de la procesadora de madera se difundió rápidamente en las granjas gracias al desarrollo tecnológico, que la hizo más eficaz y asequible. Esta aparatosa máquina suele conectarse a un tractor: corta y parte la leña, y la conduce por una cinta hasta un saco o un palé. Las máquinas permiten a una persona manejar troncos gruesos y producir mucha madera en poco tiempo, y en relación con el resultado el coste es bajo. En todo el país los granjeros se percataron de los ingresos que podía suponer la venta de leña. Actualmente, la asociación noruega de productores de leña cuenta con más de 4.500 socios. Cuando la asociación aprobó los criterios de calidad desarrollados por el estándar noruego de leña (un trabajo pionero, pues el estándar de leña noruego es, ahora, una referencia para muchos países europeos), el acceso a buena leña a un precio razonable cambió por completo.

Aun así, el gusto por la calefacción de leña no puede reducirse a una cuestión económica. El fuego vivo proporciona una experiencia más rica. Nos atrae, igual que cuando en la antigüedad nos reuníamos en torno a la hoguera. Además, hay una diferencia perceptible entre la sensación de calor de un radiador eléctrico y la de una estufa de leña. Para empezar, la estufa de leña hierve de calor. No te entra calor hasta la médula cuando enciendes una bomba de calor, y un radiador eléctrico tiene que llevar mucho tiempo en marcha para ahuyentar el frío de una casa vacía. La calefacción eléctrica rara vez proporciona más de 2.000 vatios, en cambio una pequeña estufa de las antiguas puede alcanzar 6.000 sin problemas, y muchas logran hasta 14.000. Científicamente no hay ninguna diferencia conocida entre el calor que proviene de la energía eléctrica y el que emana de la combustión de leña, pero el cuerpo humano reacciona de distinta manera al calor intenso de una estufa, sobre todo porque las variantes modernas con puerta de cristal emiten radiación electromagnética. Un radiador eléctrico normal y corriente, o una bomba de calor, solo calienta el aire de la habitación, mientras que las brasas y las llamas emiten rayos infrarrojos de las mismas características que los de la luz solar. Al sentir la radiación, notamos cómo se expande el calor por la piel y el cuerpo, y de inmediato nos proporciona una sensación de bienestar y seguridad. El clima del hogar también resulta diferente. El consumo de oxígeno hace circular el aire, y la estufa absorbe cierta cantidad de polvo. Todo ello, junto con el olor a madera y un poco de humo, y la visión de las llamas en constante movimiento, nos conecta con la magia ancestral de la hoguera.

No solo es una cuestión de bienestar, parece que la unión que siente la humanidad con nuestra energía más antigua ha arraigado en nosotros; sobre todo debido a la seguridad que instintivamente nos proporciona el fuego. Cuando la Academia de las Fuerzas Armadas Noruegas realiza sus prácticas de invierno, las órdenes para las situaciones de riesgo consisten en encender una hoguera lo más rápido posible, pues da seguridad y fortalece la determinación.

Es interesante abrir el diario del poeta Olav H. Hauge, quien el 4 de enero de 1975 escribe: «No me gusta el calor eléctrico. Lo primero que hago cada mañana es encender la estufa, echarle mucha leña de abedul. Solo cuando la estufa tiene humo en la nariz da gusto estar en el salón». («Humo en la nariz» puede interpretarse de diferentes maneras, y posiblemente el autor se refería a que la estufa se había puesto en marcha y respiraba por sí misma.) Aún más interesante resulta saber por qué el introvertido poeta evocaba estos pensamientos justo ese día de enero. Su diario no responde a la pregunta, pero una consulta rápida en la popular (si bien es cierto que un poco monótona) obra de referencia *El clima noruego a través de ciento diez años* quizá nos ofrece la respuesta: del 2 al 5 de enero de 1975 el peor temporal en muchos años devastó el oeste y el norte de Noruega. La tempestad y las inundaciones echaron barcos a tierra, destruyeron caminos y tiraron líneas eléctricas y telefónicas. Las líneas ferroviarias entre Oslo y Bergen se bloquearon por acumulaciones de nieve, y varias personas permanecieron aisladas en la zona de Årdal.

Es cierto que la calefacción de leña nos pone en contacto directo con las condiciones climáticas. Uno mismo hace de termostato, de vínculo entre las temperaturas por debajo y por encima de cero, fuera y dentro de la casa, de igual manera que la leña es el vínculo entre el bosque y el hogar. El que echa la leña tiene que salir a la leñera, volver a entrar, luchar contra el frío. El frío te hinca el diente, pero conseguimos pararlo. Por un instante entramos en contacto con las necesidades básicas de la existencia, podemos percibir la profunda satisfacción que sintió el hombre de las cavernas.

Tal vez también nos hayamos hecho ya lo suficientemente modernos como para mirar atrás y abrirnos a algo que a la generación anterior no le preocupaba: que todo es circular, las cosas que se van vuelven. Cuando se pusieron de moda los utensilios de cocina de plástico duro, las bandejas y demás piezas de madera se tiraron al fuego (lo que sobrevivió es lo que ahora se vende como «antigüedades rústicas») y todo el mundo se alegró de verlas desaparecer. Por fin nos deshacíamos de los trastos viejos, pesados, imposibles de limpiar. La alegría que sentían al tirarlo todo era la misma que sentimos hoy cuando nos deshacemos de un ordenador obsoleto. La generación que nos precede cubría de linóleo los suelos de roble y escondía los ornamentos de las casas del siglo XIX detrás de placas de fibra de madera. En nuestra época, estas cosas han vuelto a ver la luz del día.

Sin embargo, la calefacción de leña no es objeto de nostalgia en Noruega, Suecia y Finlandia. Es la única fuente energética que forma parte de la cultura popular. La manera que tiene cada uno de cortar y apilar dice algo de esa persona, y en los pueblos las pilas de leña son un recordatorio del vínculo entre los recursos forestales y el hogar. Algo tan nuestro como los esquís de fondo, la mediocridad de los periódicos locales y la caza del alce.

Pero esto no sirve para explicar por qué tantas personas se inclinan por un método de calefacción prehistórico en casas que tienen conexión a internet de última generación. La principal explicación del incremento del consumo de leña es de índole pragmática. La calefacción de leña se ha modernizado y combinado con otras fuentes de energía. Ante todo, la madera cumple un papel importante como una especie de seguro contra el frío. El mayor inconveniente de la electricidad es que falla por completo ante un problema técnico. Gran parte de los países nórdicos sufren periodos largos de frío extremo, la prensa local ni lo menciona hasta que la temperatura alcanza los 40 °C bajo cero. En tales circunstancias, un corte de electricidad puede convertirse en un problema social en pocas horas. Muchos pueblos, sobre todo en la costa, cuentan solo con una red de cableado eléctrico. Si el suministro de energía se corta por completo, no existe mejor ni más universal remedio que una provisión de leña, que también sirve para calentar agua y preparar comida. En enero de 2007, el municipio de Steigen, en el norte de Noruega, se quedó sin electricidad durante seis días de frío y tormenta; las estufas de leña fueron su tabla de salvación.

Por eso en Noruega está prescrito por ley que toda casa de un cierto tamaño tenga una fuente energética alternativa (lo que en la práctica significa una estufa de leña). Curiosamente, no son las instituciones públicas de construcción y vivienda quienes han establecido esta norma, sino la Dirección General de Protección Civil y Emergencias. La razón es sencilla: una estufa y un granero de leña ayudan a que no cunda el pánico y evitan tener que desalojar a la gente. La leña es una fuente de energía extremadamente versátil: se puede compartir con vecinos necesitados, no se derrama, no depende de un cable de suministro, prende con una cerilla, se puede almacenar año tras año, y funciona aunque sea de baja calidad. Disponer de una energía en forma sólida proporciona mucha seguridad. La pila de leña no te defraudará, puedes ver cuánto te queda, y cuando la metes en casa sabes que el peso de la brazada equivale al calor que obtendrás.

Al hablar de nuestra relación con la madera, Henry David Thoreau es una mención recurrente. En 1845 se fue a vivir al bosque, cuando la sociedad moderna de Estados Unidos se le hizo demasiado frenética (sí, en 1845). En su ensayo *Walden,* dice: «Es admirable cuánto valor se deposita en la madera incluso en esta época y en este nuevo país, un valor más permanente y universal que el del oro. A pesar de todos nuestros descubrimientos e invenciones, nadie pasa por alto una pila de leña. Es tan preciosa para nosotros como lo fue para nuestros ancestros sajones o normandos».

También fue Thoreau quien, de nuevo en *Walden,* plasmó por escrito la idea de que la leña calienta dos veces: cuando se corta y cuando se quema. Probablemente debería haber añadido los procesos caloríficos de abrir a hachazos la madera, apilar los leños y cargar con ellos, pero tal punto habría desentonado en su filosofía.

Si bien es cierto que la calefacción de leña es parte del sistema nervioso de los noruegos, eso no nos convierte en perfectos entusiastas de la bioenergía, previsores y ecologistas. Como cualquier población urbana, la gente se ha ido acostumbrando a un acceso inmediato a todos los bienes, estés donde estés y con solo pulsar un botón. Siempre que llega una ola de frío extremo, los vendedores de leña de las ciudades se enfrentan al caos, y a clientes que entran en pánico cuando la calefacción eléctrica no basta y las reservas de leña se les han agotado. A ciudadanos decentes, respetuosos de la ley, les da entonces por saltarse el turno en la cola y hacer trampas para conseguir un saco de leña (en Oslo, ante este escenario, muchos vendedores dan prioridad a las personas mayores). Tan pronto como comienza el frío extremo, la radio entrevista a dos colectivos: los portavoces de las compañías hidroeléctricas, que comunican que escasea el agua en los embalses, y los vendedores de leña, que afirman: «La gente no se acuerda de almacenar. No compran hasta que llega el frío».

La contaminación

Una de las grandes preguntas que debemos responder hoy día es: ¿resulta posible quemar leña y seguir siendo un buen ecologista? Las estufas de leña emiten CO_2, pero si casi todos los expertos en la materia coinciden en que el calor de la leña es una fuente energética verde es gracias a un hecho sencillo: los árboles

PÁGINA 27. «A finales de marzo de 1845 pedí prestada un hacha y me encaminé a los bosques de la laguna de Walden, al lugar más próximo en que pretendía construir mi casa [...] El dueño del hacha, al entregármela, dijo que era la niña de sus ojos; se la devolví más afilada de lo que estaba» (Henry David Thoreau, *Walden*). Tan intensamente anhelaba Thoreau la vida espartana, despojada de las obligaciones de la propiedad, que pidió un hacha *prestada.* El hacha que vemos es una Gränsfors American Felling sueca. Probablemente el hacha de Thoreau tenía las mismas proporciones.

absorben el CO_2 mientras crecen, pero tarde o temprano ese gas tiene que volver a salir. Si un árbol se quema en una estufa, la emisión de CO_2 es exactamente la misma que si el árbol muere y se pudre. De hecho, el poeta Robert Frost empleó el concepto «combustión sin humo» en su descripción de un árbol en putrefacción: «Con la lenta combustión sin humo de la decadencia».

Quemar leña es una manera eficiente de sacar provecho de los mejores captadores solares del mundo. Sencillamente, estamos dejando que uno de los procesos básicos de la naturaleza pase por nuestra casa. Los bosques tienen una capacidad de absorción de CO_2 formidable. El problema es que los árboles no viven para siempre. Tarde o temprano —para algunas especies son treinta años; para otras, siglos— el árbol muere y empieza su descomposición. Entonces emite los mismos gases que atrapó en su día. Si quisiéramos impedir que se liberaran, deberíamos talarlos y almacenarlos para siempre en un lugar seco, o convertirlos en material de construcción, aunque por su parte las casas de madera también tienen una durabilidad determinada hasta que se pudren, se queman o hay que demolerlas. Además, los árboles capturan más CO_2 cuando son jóvenes y están en fase de crecimiento. Si rejuvenecemos el bosque, podemos aumentar la captura de CO_2.

Por tanto, en principio, la combustión de leña no conlleva un incremento de los gases de efecto invernadero, siempre que equilibremos su consumo con el crecimiento de árboles nuevos, y a simple vista solo sería una cuestión de aceptar o no que la vamos a quemar. Pero por desgracia no es tan sencillo. Lo cierto es que el mayor problema cuando se quema leña, sobre todo en las zonas urbanas, es la polución que sale por la chimenea. Hay quien cree que es inevitable que salga humo sobre el tejado de una casa con estufa, pero no es así. Como veremos, el humo es gas energético, y ver salir humo por una chimenea equivale a ver cómo gotea la gasolina por el tubo de escape. Desde el punto de vista de la emisión, la diferencia entre quemar correcta o incorrectamente es colosal. Con una estufa de combustión limpia y con leña de buena calidad, prácticamente es imposible percibir que una casa está calentada con leña. Con unos conocimientos básicos no es difícil reducir las emisiones de todo tipo de estufas y chimeneas, solo hay que aprovisionarse de leña seca y conocer su proceso de combustión.

En 1982 se hizo público un estudio noruego que dejó al país atónito. Realizaron pruebas de la calidad del aire en Elverum, al sudeste tierra adentro, donde crecen grandes pinares y la temperatura suele caer por debajo de los -30 °C durante largos periodos. Elverum tenía un número récord de estufas de leña, y los resultados del estudio mostraban que la combustión de madera en esta pequeña localidad emitía la misma cantidad de partículas en suspensión que el tráfico automovilístico del centro de Oslo; y eso en una época en que se circulaba con neumáticos con clavos y gasolina con plomo.

Pronto se averiguó la causa del problema: la contaminación era mayor en los periodos de deshielo, ya que la costumbre en aquellos tiempos era llenar la estufa de madera y cerrar al mínimo el suministro de aire para que la leña quedara en ascuas y se mantuviera al rojo vivo toda la noche. También había quien le echaba un poco de leña verde para prolongar el proceso, lo que conlleva una mayor producción de polvo atmosférico y gases de humo. En cambio, cuando el frío apretaba, las estufas rendían a tope, el humo se consumía y no contaminaba.

Para los noruegos fue una señal de aviso, y el pistoletazo de salida para desarrollar estufas modernas con emisiones considerablemente más bajas. Los institutos de investigación estatales se unieron a los productores para diseñar estufas más eficientes, que redujeran las partículas en suspensión. La fábrica noruega Jøtul, que vende estufas por todo el mundo, llevaba desde los años sesenta produciendo lo que ahora se conoce como estufas de combustión limpia, y con el impulso estatal se dispararon tanto las innovaciones como las ventas. En 1998 se fijó por ley que todas las estufas nuevas que se instalaran debían ser limpias, y hoy los requisitos de emisión noruegos siguen figurando entre los más estrictos del mundo. Además, se lanzaron campañas para el uso correcto de las estufas de leña.

Los estudios indican que la combustión de leña actual es sensiblemente más limpia que hace tres décadas. Una madera de calidad en una estufa de combustión limpia empleada de manera correcta emite un 5% de lo que emitía una estufa antigua mal empleada. Las emisiones tienden a ser de 4-5 gr por kilo de leña quemada. Las estufas noruegas y danesas más sofisticadas originan unas emisiones de partículas de tan solo 1,25 gr por kilo de leña, mientras que las estufas antiguas tendían a emitir de 40 a 50 gr o más, incluso con un uso ejemplar. Al mismo tiempo, las estufas se han vuelto más eficientes: las hay que aprovechan el 92% de la energía de la leña.

Aun así, la calefacción de leña es responsable de más de la mitad de las partículas en suspensión que se emiten en el país. Por eso se repiten constantemente las campañas de sensibilización sobre el manejo correcto de la leña, y muchos ayuntamientos ofrecen ayuda económica a quienes quieran cambiar su estufa antigua por una de combustión limpia.

Noruega no está sola en esto. Muchos de los estudios de investigación sobre los efectos nocivos de la calefacción de leña en las ciudades proceden de Christchurch, la ciudad más antigua de Nueva Zelanda. En sus barrios viejos, las estufas de leña siguen siendo una fuente importante de calor. La geografía de la ciudad la hace vulnerable a la niebla tóxica, y gran parte de la contaminación aérea procede de la combustión de leña, que ocasiona un fuerte incremento de las enfermedades respiratorias. Las estufas de combustión limpia están prescritas en la ciudad, y se multa a los vendedores si comercian con leña de más de un 25% de humedad.

El poder de la leña

Naturalmente, una sociedad moderna no puede convertirse por completo de la electricidad a la leña. Pero la leña es un maravilloso componente dentro de cualquier plan energético. Una sociedad basada solo en la energía eléctrica tiene el inconveniente de que la capacidad debe ser tan grande como su consumo máximo en los periodos más fríos. En Noruega, las estufas de leña tienen la importante misión de aliviar la red eléctrica cuando de verdad hace frío, y es de dominio público que la leña reduce la necesidad de expandirla. Es una lógica perfecta y su gestión está en manos del usuario final: en los periodos de frío, sube el precio de la electricidad, y en todo caso es probable que no baste con los radiadores eléctricos.

La leña sale sorprendentemente bien parada incluso si se la evalúa en pie de igualdad con las otras fuentes energéticas. La energía hidroeléctrica suele considerarse la fuente más limpia, pero supone una mayor agresión paisajística, en forma de presas, maquinaria pesada y cableado eléctrico. Una línea eléctrica, además, suele tener una pérdida de energía del 20 al 30% desde la turbina hasta el enchufe. El carbón, el fuel y el queroseno no son renovables, su extracción requiere grandes instalaciones industriales, y se pierde mucha energía en la producción y el transporte. La electricidad pasa por una red de cables y, si esta se rompe, la energía se pierde por completo. Si vuelca el camión cisterna o se rompe el tanque de petróleo, el daño medioambiental es grave. Lo mismo puede decirse de los *pellets*: son renovables, pero deben producirse en una fábrica. Las turbinas eólicas no siempre son un elemento popular en el paisaje; y la energía nuclear, aunque eficiente, es una espada de Damocles.

En comparación, la infraestructura de la leña es de una sencillez conmovedora. Una estufa de hierro fundido dura por lo menos cuarenta o cincuenta años, y en la mayoría de los casos se alimenta con leña local. No obstante, lo esencial es la simplicidad y la falta de burocracia con la que se obtiene, y la poca energía que se pierde en el proceso: se tala un árbol, se corta, se hiende y se pone a secar. Un árbol nuevo empieza a crecer en el lugar en el que se encontraba el que se cortó. Al cabo de unos meses de secado, tienes 4,2 kWh de energía por cada kilo de leña. (En comparación, el carbón proporciona prácticamente el doble, pero hay que restarle la extracción y el transporte.)

En realidad, para el consumo individual solo hace falta una motosierra, un hacha y un coche con remolque. Dos personas en más o menos buena forma pueden preparar una reserva de 12.000 kWh en una semana. Quizá equivalga a siete u ocho cargas de remolque de madera, y si el bosque no está demasiado lejos, hacen falta entre 20 y 30 litros de gasolina, tal vez menos, para el transporte en coche y una motosierra.

El proceso es sencillo. No implica papeleo y está al alcance tanto de jóvenes como de mayores. Es repetitivo, pero no aburrido. Procura la misma alegría al empresario ajetreado que necesita desconectar y dejar que los pensamientos se desplacen a otro lugar que a quienes buscan un trabajo relativamente simple. En Noruega hay muchas empresas madereras municipales donde las personas con discapacidades o problemas de aprendizaje pueden participar en función de sus propias habilidades y, de esta manera, contribuir a la obtención de energía local.

Si tenemos en cuenta la combustión de leña a escala industrial, que implica grandes máquinas de tala y extracciones de biomasa, las cosas se complican un poco. Entra en juego la diferencia de tiempo entre la absorción y la emisión. Si talas y quemas grandes áreas de bosque antiguo, el CO_2 que se emita no volverá a captarse hasta que la cantidad equivalente de bosque haya vuelto a crecer. Si la disparidad es grande, el clima puede verse perjudicado hasta que se restablezca el equilibrio. A esto hay que añadir las emisiones de las máquinas y del transporte necesarios para la tala industrial a gran escala.

La desventaja de la leña, para los usuarios, es que necesita esfuerzo; es pesada y ha de acarrearse hasta la estufa, de la que a su vez hay que ocuparse cuidadosamente, y además se apaga a las pocas horas. Este problema puede reducirse con la adquisición de una de las muchas estufas que almacenan el calor. Una de las innovaciones modernas más interesantes son las calderas capaces de calentar edificios enteros, incluso grandes bloques de oficinas, con calor transmitido por agua. Muchas de ellas se ajustan automáticamente y los diseños más actuales contaminan muy poco.

Un pequeño dato relevante en este contexto es que la energía local y verde es inocua desde el punto de vista del juego geopolítico. Muchos países dependen por completo del petróleo, el carbón u otros recursos fósiles, y mantienen una vigilancia extrema sobre sus recursos. Sin embargo, nunca nadie inició una guerra por un bosque de leña, nunca una población de aves marinas se bañó en petróleo porque un remolque de leña se saliera del camino. Una pila de leña no puede impedir una guerra, pero los recursos sencillos y cercanos generan poco material de conflicto.

Al margen de la perspectiva, de que se considere cultura, bioenergía o una manera de acercarse a la naturaleza, la energía más antigua de la humanidad sigue teniendo mucho que ofrecernos. A los defensores noruegos de la «calefacción inteligente con madera» los une el siguiente lema: «Por fin, lo que necesitamos crece en los árboles».

NORDSKOGBYGDA: UN BOSQUE EJEMPLAR EN TIERRA DE SOLTEROS

Ha caído la primera nieve y unas rodadas muestran el camino a través del bosque hasta la casa de Arne Fjeld en Nordskogbygda, al sur de Noruega. Arne es un granjero con una mirada afectuosa, buen conocedor de la cultura y la historia locales, y conferenciante asiduo en el Museo Forestal Noruego de Elverum.

La temporada de la estufa ha comenzado, y en la casa principal todas ellas, tanto las antiguas como las modernas, mantienen una temperatura agradable. La casa es de 1870, y las ventanas, originales y limpísimas, tienen las pequeñas ondulaciones que solo se ven en los cristales antiguos. El terreno de caza empieza nada más salir por la puerta, y hoy el rifle está apoyado en la pared del vestíbulo. En el alféizar de la ventana relucen tres cartuchos.

«Yo creo —dice Arne— que cuanto más de ciudad te vuelves, y cuanto más fácil resulta encontrar todo lo que necesitas en una tienda abierta veinticuatro horas al día, más incomprensibles te resultarán las pilas de leña que tenemos aquí en el campo. Puede que también sea difícil de entender para la gente de climas cálidos. En Australia, los aborígenes recolectan ramas secas cada vez que necesitan un fuego para cocinar. Pero aquí en Noruega hay que reconocer que, desde el punto de vista climático, somos un país subdesarrollado. Antiguamente, el frío y el largo invierno nos obligaban a ser previsores. No quedaba otra. Tenías que recolectar leña para todo el invierno, y prever un extra para imprevistos o accidentes. Así eran las cosas. O tenías suficiente o tu familia se helaba, y en el peor de los casos se morían de frío. Creo que esto ha dejado huella en los noruegos. Hasta que tuvimos un sistema social en el que los fuertes cuidaban de los débiles, y los listos se ocupaban de los que metían la pata o habían tenido mala suerte..., bueno, cada cual debía cuidar de los suyos, había que tener reservas suficientes. Y si el invierno duraba tres semanas más de lo habitual, pues pasabas frío.»

Arne obtiene leña de varios terrenos forestales cerca de la granja, pero uno de ellos en concreto ocupa un lugar especial en su corazón. Es el resultado de cuidados escrupulosos a lo largo de los años y de una curiosa historia familiar. En su origen, esa parcela pertenecía a una finca pequeña de los alrededores. Allí vivía una mujer con un hijo al que dio a luz muy joven. El hijo se quedó soltero, y los dos acabaron viviendo juntos toda la vida. La pequeña familia era casi autosuficiente gracias al cultivo de un pequeño pero bien cuidado terreno.

La madre llegó a una edad longeva antes de morir, y para entonces el hijo era tan mayor que se fue directamente a una residencia. Arne notificó su interés por el lugar, pero pasaron muchos años sin que se aclarase la situación y sin que nadie cultivase la tierra. Hasta veinte años más tarde Arne no obtuvo un permiso para comprarla. Para entonces el terreno estaba totalmente cubierto de

El bosque ejemplar de Arne Fjeld brotó de un campo de cultivo abandonado, que a lo largo de los años cuidó celosamente para que los árboles tuvieran troncos esbeltos y una corteza lisa.

abedules, en parte gracias a que el hijo había arado la tierra justo antes de mudarse. Los árboles habían echado raíces por todo el terreno y Arne desechó su lucrativo plan de cultivar en él cereales.

«La idea me vino a la cabeza enseguida —cuenta Arne—. Era una oportunidad única para crear un bosque perfecto. Todos los árboles tenían la misma edad, y estaban en una tierra de cultivo con excelentes condiciones para el crecimiento.»

Así que Arne comenzó a cuidar del bosque con tanto mimo como si cada árbol fuese un rosal. Lo clareó tres veces, y así tuvo árboles de diferentes alturas. Fue un proceso laborioso, y su mujer sonreía y negaba con la cabeza cuando él se levantaba temprano para sacudir los árboles en invierno, con el fin de que no se combasen bajo el peso de la nieve. Pero el matrimonio tenía toda la razón del mundo en sentirse orgulloso del resultado. Ahí estaban ahora los abedules, rectos como astas de bandera. Muchos de ellos con hasta 9 m de tronco libre de ramas. Además de la leña, Arne también saca corteza de los mejores árboles. Esta corteza es tersa como el cuero y se vende a buen precio.

La granja es de una época en la que no había más alternativa que la calefacción de leña. Cada piso de la casa principal cuenta con grandes estufas, y se nota en la chimenea que no se escatimaba con las dimensiones. El conducto es tan grande que tiene peldaños de cemento por dentro, y el deshollinador puede bajar por la chimenea y salir por la trampilla, que mide 1 m².

«Tampoco creo que en los viejos tiempos la gente tuviera una relación muy próxima o romántica con la leña —dice Arne—. Gran parte del trabajo en una granja en aquel entonces era realmente agotador, una faena pesada. La leña era una de las múltiples tareas que había que sacar adelante, junto con muchos

Toda la leña que consume Arne procede del bosque que rodea su granja, y se asegura de que las pilas estén bien separadas, para que sequen adecuadamente.

otros trabajos pendientes. Hacían falta cantidades colosales para mantener una granja entera caliente. Por la geografía del terreno, aquí la nieve se derrite tarde, y antes de que el trabajo fuera mecanizado la primavera era una estación extremadamente atareada.»

El trabajo era un sin parar hasta el verano y no había tiempo, o no se reservaba, para llevar la leña a la granja hasta el otoño. Para entonces un hombre llevaría cortando leña y apilándola casi todo el año, pero hasta la llegada del otoño no se acarreaba hasta la granja y se cortaba. Muchas veces la leña no tenía tiempo de secarse antes de la llegada del invierno.

«Cuando era joven me sacaba de quicio —cuenta Arne—. Probablemente, el entusiasmo que siento ahora por la leña viene de la rabia que me daba que mi padre nunca le diera prioridad. Recuerdo que iba a por leña y a menudo estaba congelada. Había que pegarle fuerte a la pila para sacar los leños, y luego tenían que estar debajo de la estufa para descongelarse. El suelo de la cocina estaba inclinado y por ahí corría agua helada con serrín. Incluso ahora de adulto, si oigo que sale un silbido de la leña me pongo de mal humor. Por eso la corto y la parto en primavera. Y me lo paso en grande. Echo a la estufa todo tipo de maderas y noto que cada una arde de un modo distinto allí dentro.

Estudio cada leño, y si tiene vetas bonitas lo aparto y lo uso para hacerme un mango de cuchillo. Con el tiempo me he vuelto así. No soporto que las cosas se desaprovechen.»

Rajar los leños es la fase del trabajo con la madera que más le gusta.

«Es como una terapia. Claro que no es una tarea complicada. En realidad, no es más que una rutina, pero no es aburrido. Hay tantas cosas en la vida cotidiana que se atascan y se nos quedan dentro y ensombrecen el día... Muchas veces, si he ido a una reunión y me he implicado, me quedo dándole vueltas a todo lo que debería haber dicho. Pero no le doy vueltas a los problemas cuando estoy delante del tajo. Mi cabeza nunca está tan agradablemente liberada como cuando me dedico a la leña.»

CAPÍTULO 2

—

EL BOSQUE

«¡Qué tiempos aquellos! Él abatía troncos, y los ojos de Inger le seguían en la faena; fueron los días más hermosos de su vida.»

Knut Hamsun, *La bendición de la tierra,* 1917

Como otros muchos hombres, Isak Sellanrå, protagonista de la novela de Knut Hamsun *La bendición de la tierra,* pasaba sus mejores momentos en el bosque. Para anticiparnos a las sospechas de machismo: Inger, la esposa de Isak, no se le quedaba «mirando» porque fuera vaga o estuviese fascinada ante un hombretón con su hacha. Hamsun lo escribió de esta manera porque Isak no podía alegrarse de los trabajos que nadie valorase o viese.

Ay del hombre que corte leña solo para sí mismo.

———

Es una sensación inigualable la de salir al bosque cuando la nieve aún tiñe la tierra alrededor de los árboles y se respira un aire primaveral frío y sutil. Librarse de la mochila, llenar de gasolina una fiel motosierra y comenzar la faena. Al principio, con delicadeza, sacando los árboles pequeños para facilitar el acceso a los grandes. Acercarse al primer placer del año, uno de esos abedules altos que ha estado lo suficientemente pegado a sus vecinos como para abrirse paso hacia la luz, de tal manera que ahora emerge esbelto y blanco. Arrancar la sierra, aproximarla al tronco y escuchar el zumbido que atraviesa el aire cuando el árbol cae en la dirección correcta. Suspender el gorgoteo del motor de dos tiempos, levantar la visera del casco y dejarte invadir por el silencio mientras todo vuelve a su sitio, y observar el árbol talado que, cuando llegue el invierno, te proporcionará luz y calor.

La naturaleza es dadivosa en muchos sentidos, y los esfuerzos del leñador siempre tienen premio. A diferencia del pescador, el cazador o el recolector de bayas, él tiene garantizado que su esfuerzo dará frutos. Cortar leña es un trabajo auténtico, que se puede hacer con otros, y muy pocas tareas muestran resultados de un modo tan inmediato.

Apenas existe una deuda más grande que la que tiene la humanidad con los árboles, y el hecho de convertirlos en calor supone un contacto con la naturaleza que fue importante para nuestros antepasados. Todo árbol vale su peso en kWh. Incluso la ramita más pequeña y miserable se puede aprovechar. Es como recoger calderilla: suficientes monedas de cinco céntimos hacen un billete de diez euros, y se agradece la sensación de no desechar nada. Incluso el tronco de un abeto enano y ralo será bienvenido cuando la hoja del calendario salte a enero, el termómetro muestre 26 °C bajo cero, y el detergente líquido del lavaplatos sea una masa viscosa en la botella.

¿Dónde hay que cortar?

Poca gente tiene un bosque propio, pero en casi toda Noruega existe oferta de tala privada, y en muchos lugares hay disposición de bosques municipales a buen precio. Hoy la mayoría de los propietarios forestales basan su explotación en máquinas de talar. Si a esto sumamos que a lo largo de los últimos treinta años se ha reducido a la mitad el número de empleados en la industria forestal, los leñadores con buena espalda disponen de diferentes opciones, ya sea para clarear bosque o para talar terrenos demasiado abruptos o poco arbolados y adecentarlos para las máquinas. Un bosque bien clareado ayuda a que la madera comercializable sea de mayor calidad, así que los propietarios agradecen el servicio.

Otra opción es obtener un permiso para talar a lo largo de las carreteras o los lechos de los arroyos, cerca de las líneas eléctricas, en los lindes de campos cultivados o en antiguas zonas de pasto. Además, muchos propietarios forestales invitan a particulares a recoger los restos una vez las máquinas han despejado de árboles una zona. Puede quedar bastante madera —de las copas, o de troncos retorcidos o rotos—. No brinda el mismo placer que talar un bosque tranquilo, pero requiere menos esfuerzo. Recuerda preguntar al propietario qué árboles debemos proteger y cuáles conviene cortar en abundancia. En ciertas zonas se

PÁGINA 36. Hedmark es la mayor región de pino de Noruega, y estos árboles jóvenes y estilizados se convertirán en excelente material de construcción. Son perfectos para las casas de troncos. Los álamos temblones que crecen entre los árboles antiguos se talarán para leña.

PÁGINA 38. Elementos clásicos de la tala privada en Noruega: correas de carga, un remolque abollado y un camino de gravilla, a principios de la primavera.

PÁGINA 39. El invierno es el momento perfecto para el trabajo forestal. Aquí se ha cortado abeto en trozos no muy largos nada más talarlo. Será hendido en el lugar y se sacará del bosque en un trineo.

han desarrollado minuciosos planes oficiales sobre el cuidado del bosque y es conveniente estudiarlos. Por ejemplo, en Noruega se ha establecido la práctica de respetar los pinos y los abetos muertos, pues son biotopos fundamentales para los insectos y ayudan a preservar el equilibrio de las especies.

Casi todas las especies de árboles alcanzan más altura y despliegan menos ramas si crecen apretadas que si crecen aisladas y con mucho sol (estos árboles suelen ser más cortos y con ramas a lo largo de todo el tronco), porque si tienen poco sitio competirán por él con el árbol vecino y crecerán hacia la luz. Por lo general, podemos verlo en los árboles situados en pendientes empinadas cerca del camino, o en depresiones del terreno. Estos, altos y erguidos, son perfectos para la leña. Son fáciles de talar y de extraer, se pueden partir sin dificultades y serán buenos elementos de construcción para la pila de leña. El desrame de una conífera torcida y compacta requiere mucho más trabajo.

Al leñador rara vez le importa el tamaño de los árboles. Cuando llegan a la edad de entre veinte y cuarenta años, la mayoría de las variedades ha adquirido un tamaño más o menos aprovechable, pero manejable. Los árboles más viejos tienden a ser tan gruesos que hace falta mucha fuerza para arrastrarlos desde el lugar de tala hasta el remolque.

Madera flotante

En zonas costeras existe otra fuente de leña diferente a la del bosque. Antaño, era habitual usar la madera flotante que se acumulaba en la orilla. La madera se conserva sorprendentemente bien en agua salada, y acostumbraban a dejarla durante dos o tres años a la intemperie para que la lluvia limpiase la sal, aunque era una tarea casi imposible. La sal oxida las estufas, y, peor aún, al quemarse, se descompone de tal manera que libera dioxina, un gas cloro nocivo, sobre todo para los niños. Ya hace tiempo que las autoridades sanitarias desaconsejan la combustión de este tipo de madera.

En el bosque

Cuando un leñador novato se pone manos a la obra, debe contar con una buena dosis de autodisciplina. Nadie sufría accidentes laborales tan terribles como los antiguos leñadores, y sus sucesores modernos corren el riesgo de desfigurarse gravemente con la motosierra si no empiezan con cautela. Una cadena a máxima velocidad circula a 70 km/h, y si hablamos de una sierra de tamaño estándar, el leñador está en contacto con más de mil voraces dientes por segundo. Pero este libro no pretende ser un manual de seguridad del leñador. En Noruega está generalmente aceptado que se aprende a usar la motosierra con otros usuarios expertos o en cursos, teniendo en cuenta que hay que adaptar los métodos a las condiciones y a las variedades de árboles. Por eso se organizan cursos de manejo seguro de la motosierra en muchos lugares, y los fabricantes tienen buenos ma-

Ejercicio físico del bueno y un trabajo útil: con una motosierra, Jo Gunnar Ellevold extrae tiras de corteza para el secado de abedul recién talado en el campo de entrenamiento del campamento militar de Terningmoen. Así se consigue leña para el invierno y se evita una densidad excesiva de árboles.

nuales de instrucción y videotutoriales (también en internet) que muestran el procedimiento correcto.

En los cursos también se inculcan algunos mandamientos indispensables para comenzar: ve acompañado de gente experimentada, nunca lleves contigo ni perro ni niños, comienza por los árboles pequeños, y presta atención a si se levanta el viento (una pequeña ráfaga puede hacer tambalear a un árbol grande). Si de entrada ya es difícil derribar un árbol en la dirección correcta, la llegada de una ráfaga de viento introduce una despiadada incertidumbre en el proceso. Hay un principio importante que se debe seguir siempre: el árbol se tala con *dos* cortes. Primero se realiza un *corte direccional* que equivale al 25% del diámetro del árbol. El objetivo de este corte es que el árbol caiga de manera controlada en una dirección concreta. Luego, y desde el otro lado, se efectúa el *corte de caída*. Se corta hacia dentro y hacia el corte direccional, pero se para unos centímetros antes de que los dos cortes se junten. La sección que queda atrás funciona como una bisagra que hace que el árbol caiga en un movimiento continuo. La forma de los cortes de caída puede variar para conducir la caída de un árbol torcido hacia el lado deseado, pero aprender a dominar esto solo leyendo teoría es como aprender a bailar tango en un curso por correspondencia.

Muchos de los accidentes tienen lugar durante el desrame. Aquí lo más importante es ponerse siempre a un lado del árbol mientras se desrama otro, con la hoja de la sierra apoyada en el tronco. Aunque el corte direccional sea perfecto y todo lo demás esté bien hecho, nada puede detener la caída de un árbol grande si el viento lo conduce en la dirección equivocada. Como dijo el poeta Hans Børli (que además era leñador): «Esta profesión aparentemente sencilla y burda está llena de sutilezas, trucos y artes que solo puedes aprender en la dura escuela de la experiencia... Debes saber tumbar el árbol en el momento y lugar justo en el que lo quieres; si no, te atascas y acabas teniendo un trabajo de mil demonios con el giratroncos».

Comer, no picar algo

Los leñadores novatos comienzan con cautela y van acumulando experiencia poco a poco. Aprenden a valerse de la inclinación natural del árbol para averiguar por dónde caerá, basándose en el centro de gravedad de las ramas y la inclinación del terreno. De lo contrario, el árbol se enganchará en otros árboles, las espadas de las sierras tal vez se atasquen y acecharán otros peligros. La leña no calienta igual de bien si tus extremidades están entre los desechos del servicio de emergencias del hospital.

Y es que el trabajo forestal exige mucho. Desde los años sesenta, Noruega dispone de un Consejo Estatal para el Fomento de la Calefacción con Astillas de Madera, y también de un Consejo de Nutrición y Actividad Física. Sus estadísticas muestran que el trabajo forestal es uno de los más extenuantes que existen. El arrastre de troncos quema nada menos que 1.168 kcal/h, mientras que partir leña con hacha requiere 444 kcal. A modo de comparación, en una hora viendo la televisión se queman 74 kcal, 281 kcal limpiando la casa, 405 haciendo esquí de fondo, 481 quitando nieve, 510 jugando al fútbol, 814 haciendo aerobic intensivo y, por fin, carrera continua a buen ritmo, 1.213 kcal, lo único capaz de batir al arrastre de troncos.

En otras palabras, para un día en el bosque no basta con una Coca-Cola y un Kit-Kat. El leñador necesita *comer*, no *picar algo*. En noruego usamos la expresión «desayuno de leñador», y tiene fundamento. Antes de la motosierra, cuando los árboles altos se talaban en nieve profunda, con caballo, hacha, sierra de dos manos, jornadas de doce horas y discusiones constantes, venía estipulado en el contrato del leñador el tipo de alimentación al que tenía derecho, con cantidades de tocino y guisantes especificadas que darían un patatús a los nutricionistas de hoy día. Un estudio de investigación realizado en Suecia sobre las raciones de comida de los trabajadores forestales mostraba que cada hombre ingería unas 9.300 calorías diarias. La cifra parece increíblemente alta, teniendo en cuenta que el trabajo de oficina solo exige 2.000-3.000 kcal. De hecho, los trabajadores forestales se aproximaban al límite de lo que una persona es capaz de quemar, pues las 12.000 kcal en expediciones polares con esquís y trineo están entre los consumos más altos que se hayan registrado jamás.

Las investigaciones muestran que los leñadores modernos con motosierras queman unas 6.000 kcal en una jornada laboral. Ronda la misma necesidad diaria que se estima precisa para el entrenamiento militar, así que no es de sorprender que las raciones liofilizadas para los soldados del ejército noruego contengan 5.000 kcal. Estas son las raciones de comida adecuadas para llevar al bosque, junto con mucha agua potable. En resumidas cuentas, una buena ración de comida se traduce en mayor seguridad.

Los métodos antiguos todavía valen

La antigua silvicultura manual comprendía una serie de métodos heredados de la experiencia y de la estricta necesidad. El quiropráctico quedaba lejos, y el trabajo debía efectuarse rápida y eficazmente. Uno de los mejores métodos desarrollados en los ondulados terrenos forestales noruegos era el llamado *skråli-hogst* (caída a favor de la pendiente). Se talaban dos o tres árboles de tal manera que quedaban en paralelo, con las copas en el lado alto de la pendiente. Se desramaban y después se podían bajar otros troncos rodando sobre ellos, como una especie de primitiva cinta transportadora. Otra técnica muy práctica es el *fellebenk* (banco de trabajo): se tala un árbol de modo que yazga en perpendicular delante de los demás árboles que se van a talar. Hay que cortar el árbol unos 80-100 cm por encima del suelo, para que se quede enganchado al tocón. Se desrama y el siguiente árbol se tala de tal manera que el tronco aterrice encima del árbol que está tumbado. Así tendremos una altura de trabajo cómoda, y como el tronco no toca el suelo, el desrame del árbol será más rápido y más seguro. El banco también impide que los árboles se hundan en la nieve cuando se trabaja en invierno.

Muchas especies, como el aliso, encuentran buenas condiciones de crecimiento en las zonas pantanosas y en las riberas, aunque estas superficies resultan poco fiables durante la primavera y el verano. En invierno, la situación cambia completamente cuando la tierra y el agua se congelan. Un método estupendo es comenzar desde una orilla helada y seguir avanzando por la ribera congelada transportando los troncos sobre el hielo. (La tala en zonas húmedas y fluviales también puede embotar la cadena de la motosierra, ya que la arena se pega a la corteza cuando baja el agua. Las especies a las que les gusta la tierra húmeda y arenosa, como el sauce y el arce, pueden, además, absorber arena mezclada con agua, lo que también puede embotar las cadenas.)

Estas técnicas antiguas se mantienen vivas gracias a museos e instituciones, y gracias asimismo a quienes continúan usándolas. Las herramientas del pasado, incluido lo que en Noruega se conocía como «la cabra y el chivo» (un trineo en dos partes para arrastrar troncos), siguen siendo igual de inteligentes hoy día. Lo mismo puede decirse de la más genial de todas las formas de transporte, la conducción por flotación. La mayoría de los leñadores no tiene esta posibilidad, pero funciona estupendamente y el tiempo que pasa la leña en el agua no perjudica su calidad.

La temporada de tala

El leñador se verá generosamente recompensado si se adapta a la naturaleza y a las estaciones del año. El ciclo anual hace que sea mejor cortar los árboles frondosos al principio de la primavera, antes de que broten las hojas. Recuerda que la savia comienza a ascender unas tres o cuatro semanas antes y que, en ese momento, los árboles tienen menos humedad y tardan menos en secar. El nivel de humedad del fresno puede bajar hasta un 34% en invierno; en la mayoría de las demás especies, es del 45 al 60%. Existe la creencia de que los árboles tienen mucha menos humedad en invierno, pero en la mayoría de variedades la diferencia no es más que del 10-20%. La razón por la que se tiende a sobreestimar el contenido de agua es que el agua del árbol fluye mucho más rápido en primavera y en verano, de tal manera que la savia rezuma alegremente de los tocones una vez talado el árbol, pero el agua se evapora una vez que los árboles tienen follaje.

El nivel de humedad del fresno puede bajar hasta un 34% en invierno, mientras que la mayoría de las demás especies conservan entre el 45 y el 60% de humedad a lo largo del año. De hecho, el abedul tiene su nivel más bajo de humedad de agua en julio y en agosto, y el abeto está menos húmedo en verano.

No obstante, talar en invierno o a principios de la primavera supone grandes ventajas. Mejora y alarga el tiempo de secado, y el «secado en primavera» es un sello de calidad en Noruega, ya que es la temporada de menor humedad del aire. En realidad, el proceso de secado puede comenzar también a una temperatura por debajo de cero, y la leña que se corta en lo que los indios denominaban «el mes frío» (enero) puede tener grietas de secado preciosas al llegar marzo. La leña también se corta más rápido a temperaturas por debajo de cero, y es mucho más higiénico trabajar sobre una base de nieve. Mientras esté congelado, el transporte motorizado tampoco dañará el suelo. Por si esto fuera poco, los hongos y el moho no germinarán mientras haga frío (tienen un umbral de actividad de 5 °C). En algunos árboles frondosos, la savia estival presenta un valor más elevado de azúcar y minerales que los hace más vulnerables a los hongos. Los insectos están hibernando y, con frecuencia, a principios de la primavera la leña estará lo bastante seca como para que al despertar las alimañas no tengan tiempo de instalarse en la madera. Pero trabajar en nieve profunda es pesado, sobre todo si hay que sacar grandes cantidades de leña. La tradición noruega es talar cerca de Semana Santa, cuando la nieve está compacta y helada y los troncos se deslizan fácilmente sobre ella.

Aun así, si te has retrasado o no has tenido tiempo para talar hasta principios del verano, tampoco hay que desesperarse. Los estudios prácticos han mostrado que el proceso de secado en verano, incluso de troncos empapados de agua, es más rápido de lo que se cree. No obstante, un buen truco es comenzar por un método conocido en noruego como *bladtørk* o *syrefelling* (tala o secado sin desrame). Es común en Noruega —y en España se conoce como secado en rollo—, aunque no es habitual. Con este procedimiento, los árboles se talan y luego se dejan tumbados, con las ramas, el follaje y las copas intactos. Los árboles no saben que han sido talados, y el follaje sigue creciendo, extrayendo nutrientes del tronco y absorbiendo la humedad. (Curiosamente, también brotan los árboles así talados durante el invierno, aunque carecían de hojas en ese momento.) Durante la primera semana la humedad del tronco caerá en picado, normalmente del 50 al 35%. A las pocas semanas, dependiendo de la estación y del tamaño del árbol, las hojas se marchitan, pero la leña todavía no está lo bastante seca para quemarse, y la humedad ronda el 30%. La ventaja de este método sobre el secado normal solo se da en el primer periodo, y desaparece por completo una vez que las hojas empiezan a marchitarse. Por eso hay que estar atento y, llegada la hora, apresurarse a cortar, partir y apilar la leña para que siga secando y esté lista para el invierno. Sin embargo, si la humedad del aire es elevada, este tipo de leña no estará del todo preparada hasta el año siguiente. El método resulta ventajoso para los árboles de mayor tamaño que se van a convertir en virutas de madera para grandes instalaciones de biocombustibles. Los estudios prácticos demuestran además que las coníferas absorben humedad del tronco si se quedan en el suelo sin desramar, pero el proceso es demasiado lento para sacarle provecho.

Otra manera de acelerar el secado desde el bosque se conoce como «descortezado en tiras». Con este procedimiento, válido tanto para el verano como para el invierno, se hacen unos cortes longitudinales en el tronco, ya sea con el hacha, el escoplo o la motosierra, para sacar tiras de corteza y de esta manera permitir que la humedad del tronco se evapore. La madera congelada es difícil de descortezar con un hacha, pero en temperaturas sobre cero la corteza saldrá perfectamente en tiras largas. El descortezado puede combinarse con el secado sin desrame. Durante décadas, un criterio de calidad noruego marcaba que los troncos para leña debían estar descortezados en tiras con 2-4 cortes, aunque los árboles frondosos secados en rollo antes del 15 de julio podían entregarse sin descortezar, siempre que hubieran estado tumbados con el follaje intacto durante seis semanas.

Aun así, el verano presenta un problema añadido: el calor. El trabajo es ya duro de por sí y, si las temperaturas son altas, sudarás a mares bajo el equipo de protección. Además de la sed y el dolor de cabeza, el leñador se verá rodeado de mosquitos y moscas negras que saltan de las ramas de los árboles talados y que pueden amargarle la vida. Como consuelo, el recuerdo de estas adversidades aportará un calor adicional a cada leño.

La leña que no seca nunca

Así pues, y aunque no sea lo ideal, es posible talar a principios del verano. Más allá, los problemas de calidad pueden ser importantes. A muchos les ha pasado que alguna carga de leña simplemente no quiere secar, por más que se deje. Esto ocurre sobre todo con la leña talada en otoño y que se ha dejado mucho tiempo en el bosque, o se ha guardado en la leñera cuando aún estaba verde. Leña que,

No dejes que la madera se quede demasiado tiempo en el bosque. Si el proceso de secado empieza mal, el moho y los hongos pueden instalarse en ella, lo que deteriora la calidad de la leña aunque más adelante tenga buenas condiciones de secado. El pino y el abeto aguantan más tiempo en el bosque que las especies de hoja caduca, pero recuerda que incluso estos se echarán a perder si se quedan a la intemperie un tiempo excesivo.

aunque luego tenga unas condiciones de secado excelentes, nunca secará del todo.

Pero ¿por qué pasa esto? La humedad es humedad, ¿verdad? La misma pregunta se la planteó el Instituto del Bosque noruego en 1964, al iniciar un proyecto bianual de investigación, precisamente, sobre el secado de maderas de árboles de hoja caduca. Talaron árboles en cada una de las cuatro estaciones. Para el secado, cada lote se repartía en explanadas abiertas y en la espesura del bosque, tanto sin descortezar como descortezado.

Estas muestras, junto con estudios posteriores, han servido para demostrar que, si de entrada los caducifolios tienen malas condiciones de secado, el nivel de humedad nunca descenderá tanto como en las maderas que se han secado rápidamente. Si el secado no comienza de forma adecuada y la humedad se queda en la madera por un tiempo prolongado, se inicia el proceso natural de descomposición del árbol. No quiere decir necesariamente que el árbol esté visiblemente podrido o carcomido, pero empiezan a habitarlo las bacterias. En lenguaje llano, digamos que las enzimas y la mucosidad crean una película alrededor de las fibras de madera interiores. Hasta tal punto afecta a la circulación del agua que tampoco llegará a iniciarse del todo una vez que mejoren las condiciones de secado. Incluso después de un secado muy largo, la mucosidad seguirá en la madera, lo que empeora su calidad. Los samis tienen una palabra específica para este fenómeno: *tjásjsjallo*, que significa «atiborrado de agua», y alude a la madera que ha comenzado a pudrirse y se niega a secarse, incluso si ha permanecido un año entero almacenada bajo techo.

Este deterioro del tronco tiene dos efectos negativos: por un lado, la mucosidad impide la evaporación completa del agua, con lo que su nivel nunca descenderá a un punto óptimo; y, por otro, en la estufa o en la hoguera la mucosidad dará lugar a un efecto negativo, pues al impedir el contacto con el oxígeno ralentiza la combustión. Por eso es importante no dejar troncos verdes sin descortezar en el bosque: hay que llevarlos a casa para cortarlos, partirlos y ponerlos a secar. El abedul y el haya son especialmente vulnerables al crecimiento bacteriano. Las coníferas que tienen mucha resina, como el pino y el abeto, no son tan vulnerables a este tipo de ataques y resisten más tiempo en el bosque.

Insectos y alimañas

Si se dejan mucho tiempo en el bosque, los troncos talados no tardan en despertar el interés de los insectos. Algunos perforan la madera en profundidad, otros excavan galerías justo bajo la corteza. También pueden aparecer en madera ya partida, que se ha dejado debajo de lonas y ha cogido humedad. La variedad de especies abarca todo, desde gusanitos inocentes hasta bicharracos con antenas largas y caparazones de color negro azulado.

Las larvas, sobre todo la carcoma, pueden montar un estruendo al excavar las galerías, y algunos fans de la leña han llegado a creer que «tenían ruidos en la cabeza» cuando, sentados delante de la chimenea, de repente oían un extraño roer en la madera.

Los insectos se evitan dándole a la leña un buen secado y aireado, pero a veces, como cuando los árboles han caído de un golpe de viento, no es posible. Si los insectos han atacado la leña, debe conservarse fuera hasta que se vaya a usar, y un buen truco es esperar a que haga mucho frío para quemarla. Entonces se trae en pequeñas cantidades, y arde en un par de horas, ya que en temperaturas por debajo de cero los insectos estarán hibernando y no se despertarán antes de ser incinerados. Los insectos de la leña son, ante todo, desagradables; es improbable que se propaguen a paredes de madera, porque necesitan un clima húmedo para existir. Las paredes de la leñera también están a salvo mientras estén hechas de un material seco.

La importancia de la fase lunar

En Noruega todavía hay quien mantiene viva la tradición de talar árboles en determinadas fases lunares. Se trata de una práctica muy arraigada en toda Europa, y la regla es asombrosamente inequívoca: conviene cortarlos con luna menguante, es decir, en los días siguientes a la luna llena. Se decía que esto aceleraba el proceso de secado, y que la leña absorbería menos humedad del aire una vez que llegara el otoño.

Existen fuentes que se remontan a la época romana que afirman lo mismo, pero la mayoría de los propietarios forestales miraría con incredulidad a quien quisiese parar una máquina de talar porque se acercaba la luna llena.

Aun así, la pregunta queda en el aire. ¿Se trata solo de una tradición, o tiene algún fundamento práctico? Lo cierto es que existen numerosos estudios tanto antiguos como modernos, entre ellos uno del científico suizo Ernst Zürcher, que demuestran que los árboles pueden tener ciclos lunares. El diámetro se hincha un poco justo antes de la luna llena, y encoge un poco justo después. El contenido de agua no se ve afectado. Pero esto no es aplicable a todas las especies de árboles ni a todas las estaciones.

En todo caso, y frente a la creencia popular, la diferencia se aprecia cinco o seis días antes y después de la luna llena. Aun así, los cambios son tan mínimos que prácticamente carecen de efecto —solo representan un 4-5% de discrepancia en el porcentaje de densidad—; podrían marcar una diferencia si hablamos de madera para instrumentos musicales.

Los experimentos demuestran que, para el resultado final, la importancia es mínima, pero a veces se pueden ver pequeñas diferencias en el tamaño de las grietas de secado. En resumen, la leña secará de todas formas, pero es innegable que respetar la tradición arroja una luz esotérica sobre la madera.

Leña para prender el fuego

Para facilitar que la leña prenda tan libre de humo como sea posible a lo largo del invierno, conviene tener en cuenta las astillas para encender el fuego desde el momento en que se está en el bosque. La madera dura es difícil de prender, así que los expertos aconsejan talar un poco de abeto y álamo temblón. Otra ventaja de estas especies es que son fáciles de cortar en palos finos de 3-4 cm de diámetro, que resultan estupendos para encender el fuego.

Tradicionalmente se usaba la madera resinosa de pino para encender el fuego, pero produce mucho hollín. Una alternativa mejor y más sencilla es prender el fuego con ramitas de árboles caducifolios. De hecho, el poder calorífico de las ramitas de abedul es mucho mayor que el de la madera de su tronco, y lo mismo puede decirse de la corteza de abedul, aunque las dos son fácilmente inflamables. Antaño se solían hacer manojos de ramitas para encender las cocinas de hierro.

El poder calorífico de la leña

El esfuerzo invertido en talar árboles de mediano tamaño se traduce en una cantidad de energía asombrosa, y basta un pequeño cálculo para demostrarnos la eficiencia del bosque como captador solar. En el sector forestal se calculan las dimensiones de los árboles a partir de unas «tablas de volumen», en las que

Tala de un abeto de Douglas de cuatrocientos años, con un diámetro de 2,5 m al nivel del tocón y 80 m de altura. La foto es del catálogo de Jonsered de 1985 para el mercado americano. La sierra es una Jonsered 920 Super.

el diámetro cúbico 1,3 m por encima del suelo (1,4 en EE.UU.) se calcula en proporción a la altura del árbol. Los factores de cálculo varían un poco de una especie a otra, pero, basándonos en un cálculo estándar, un abedul de 15 m de altura y con un diámetro de 15 cm a la altura del pecho tendrá un volumen de 0,12 m³, es decir unos 70 kg de leña de sequedad normal. Quemado en una estufa con un 75% de eficiencia, este árbol proporcionará 225 kWh.

Si el precio de la electricidad es 0,09 €/kWh, el árbol tiene un valor de 20 €. Si el precio es 0,14 €/kWh, el valor será de 31,5 €. Un abedul adulto —de unos 25 m de altura y con un diámetro de 25 cm— dará 0,5 m³, 300 kg de leña y 960 kWh; es decir, un valor de entre 86 y 134 € con los mismos precios de electricidad. El pino suele alcanzar una altura de 30-35 m, y los pinos grandes de una calidad normalmente reservada para las casas de troncos pueden cubrir más de 2 m³ por ejemplar. Incluso con su bajo poder calorífico, un pino tan grande proporciona 2.800 kWh desde la estufa. Muchos hogares noruegos que se calientan solo con leña sobreviven todo el invierno con la leña de siete u ocho pinos grandes.

Si incurriésemos en el sacrilegio de talar el árbol más grande del mundo —la secuoya gigante de dos mil quinientos años llamada General Sherman, en California—, podríamos estar calentando estufas año tras año mientras pensábamos en la atrocidad cometida. Ese árbol mide 84 m y su diámetro es de 11 m. Se calcula que tiene un volumen de 1.487 m³.

Nuestras especies de árboles más comunes pueden llegar a tener cuatrocientos años, y curiosamente el árbol más antiguo del mundo crece en Suecia, muy cerca de la frontera con Noruega, en una meseta de Dalarna. Se trata de un pequeño abeto de más de nueve mil quinientos cincuenta años. Para ser exacto, es la raíz la que tiene esa edad; el tronco en sí tiene «solo» seis siglos. Pero desde un punto de vista botánico, es un mismo individuo el que ha alcanzado tan avanzada edad. Los árboles que alcanzan las edades más avanzadas con un mismo tronco son precisamente las secuoyas de California. Muchas de las que viven hoy día tienen más de tres mil años.

Los árboles más grandes de Noruega, medidos por su volumen, son las píceas de Sitka. Los más altos en este país miden hasta 46 m y tienen un volumen de hasta 23 m^3, lo que equivale a treinta abetos adultos normales.

En España, las especies más grandes son el eucalipto blanco *(Eucalyptus globulus)* y el pino insigne *(Pinus radiata)*. El primero, distribuido por Galicia, Asturias y Cantabria, mide de media 21,57 m, aunque puede alcanzar cerca de 80 m, como el situado en Viveiro (Galicia), apodado O Avó (El Abuelo), que tiene un volumen de 75,2 m^3. Por su parte, el pino insigne posee una altura media de 19,83 m y abunda en Asturias, Cantabria y el País Vasco. Las especies más longevas en España son tejos, castaños, olivos, robles y encinas, con árboles singulares que pueden llegar hasta los 2.000 años de edad estimada.

Energía verde permanente

Intentar estimar el área de bosque necesaria para abastecer de energía a una casa puede ser un ejercicio entretenido. No es posible precisarlo con exactitud, claro está; como asegura la primera frase del *Manual del bosque noruego:* «Todas las mediciones tienen un margen de error».

En nuestro caso, hay muchas variables. La cantidad de leña dependerá del tamaño de la casa y la calidad de su aislamiento, de lo frioleros que sean sus habitantes, del tipo de estufa y, desde luego, del frío que haga cada año. El volumen de los árboles que se obtiene del bosque depende de la especie, de la calidad del suelo y de las diferencias anuales en precipitación y temperatura. Sin embargo, intentemos calcularlo. Se suele estimar que una vivienda unifamiliar en una zona fría, con temperaturas bajo cero de noviembre a marzo, consume unos 24.000 kWh de energía al año, todo incluido: luz, calefacción, calentador de agua y electrodomésticos. Incluso en hogares en los que se apuesta por la leña, rara vez se puede contar con que más de la mitad de la energía —12.000 kWh— proceda de la madera, a menos que se reforme considerablemente la casa, o que se tenga una caldera calentada con leña que haga circular agua caliente por la casa y precaliente el calentador.

Con una estufa moderna de 75% de eficiencia se obtienen unos 12.000 kWh a partir de unos 3.000 kg de madera totalmente seca. (Para las comparaciones energéticas conviene calcular a partir de kilos con 0% de humedad, aunque, por supuesto, la leña nunca estará tan seca.)

El punto de partida de nuestro cálculo es sencillo. El crecimiento anual de nuestro bosque debe ser por lo menos equivalente a lo que consumamos en un año. El potencial de crecimiento se expresa mediante *la calidad del suelo,* un factor bien documentado en muchos países, entre otras cosas porque dicha calidad suele usarse en la tasación de terrenos de cultivo. En Noruega existen mapas de calidad del suelo para todo el país, campo por campo, bosque por bosque.

En Noruega se suele estimar que un bosque de abedul sin gestionar y de mediana calidad de suelo tiene un crecimiento anual medio de 2.500 kg de madera totalmente seca por hectárea. Con buenas condiciones, el crecimiento medio anual será de 500 kg por decárea, y aún mayor si se gestiona con mimo. Así pues, un hogar necesitará de media hectárea a una hectárea de bosque para cosechar 12.000 kWh al año.

Pero, como veremos, ciertas especies pueden tener un crecimiento anual medio de hasta 1.500 kg/ha. En ese caso nuestro «jardín de leña» solo sería de 2 ha, pero habría que cuidarlo y abonarlo intensamente.

Desde el punto de vista medioambiental, es interesante intentar rebajar por los dos extremos, es decir, gestionar el bosque de manera eficiente para que rinda más y atrape mucho CO_2 en la fase de crecimiento y, en la vivienda, aprovechar equipos modernos para ahorrar energía con, por ejemplo, una caldera de calefacción, o conectando la estufa al calentador de agua. La leña es la bioenergía más sencilla que existe, y muchos piensan que es más eficiente y ecológico aprovecharla con instalaciones modernas antes de aventurarse en grandes proyectos que, en cualquier caso, solo nos ahorran un mínimo porcentaje de electricidad. Desde una perspectiva más amplia, casi todo apunta a que lo mejor es dejar que la fuente energética «común» en la casa se haga cargo de la calefacción, porque la electricidad es una energía de precisión que puede reservarse para los aparatos domésticos.

El cultivo de vástagos

Un método antiquísimo para estimular el crecimiento de los árboles consiste en aprovechar la capacidad que tienen ciertos caducifolios (entre ellos el abedul, el roble, el fresno, el avellano, el castaño, el chopo y el sauce) para reproducir vástagos desde el tocón. Así, el árbol joven se beneficiará del sistema radicular de la generación anterior y crecerá más rápido que si tuviera que echar raíces por sí mismo. Cuando, a su vez, se corte este nuevo árbol, el ciclo empezará de nuevo, y la raíz se irá fortaleciendo. Los tocones de abedul pueden rebrotar durante doscientos años antes de pudrirse. El roble rejuvenece casi infinitamente, y en el Reino Unido se han encontrado robles que crecen de raíces de más de dos mil años.

El método se conocía en Noruega desde tiempos antiguos, pero nunca fue muy extendido. Los constructores navales casi aniquilan los bosques de roble noruegos entre 1600 y 1850, especialmente después de 1632, cuando el rey Cristián IV de Dinamarca y Noruega, tras acabar con los robles daneses, tuvo que buscarlos en otra parte. Los demás árboles caducifolios no tenían mucho valor económico, y no resultaba interesante invertir demasiado trabajo en la gestión del bosque. Pero, en los últimos años, el método se ha aprovechado en los cultivos energéticos para obtener leña de combustión ecológica. Con esta técnica, el crecimiento medio anual resulta entre tres y cinco veces mayor que en un bosque de hoja caduca normal. Se han explotado aquellos árboles que crecen rápidamente durante los primeros años, sobre todo el sauce y el chopo. En Suecia estos bosques han producido entre 1,2 y 1,5 toneladas de materia seca por hectárea al año, y los bosques de abedul, 600 kg al año. Los árboles se talan antes de que comience el crecimiento adulto, que es más lento.

Dependiendo de cada especie, estos bosques de crecimiento rápido tienden a ser menos densos que los de crecimiento lento, pero, como hemos visto, las diferentes especies de madera generan la misma cantidad de calor, kilo por kilo. Los cultivos energéticos están más orientados a sistemas de telecalefacción con calderas de virutas de madera o *pellets,* y el cultivo de vástagos no siempre es lo más práctico y eficiente. Sin embargo, existen términos medios interesantes como, por ejemplo, convertir una parcela de bosque caducifolio normal y corriente en una «plantación de madera» rentable.

Lo primero que se debe hacer es despejar el terreno de árboles derribados y especies inadecuadas. Luego se clarea el bosque con una sierra de desmonte para que quede 1,5 m entre los árboles. Dos brazas de distancia son correctas, pero algunos árboles como el abedul pueden estar más apretados. Luego el bosque se divide en secciones; por ejemplo, tantas como los años que deben tener los árboles cuando está previsto talarlos. Para los chopos destinados a calderas de virutas de madera serían no más de cinco años, así que en ese caso se harían cinco secciones. El abedul puede tener una rotación de quince o veinte años o más.

Hay que tener en cuenta que esta división es ante todo un ejercicio teórico; el principal objetivo de una plantación de leña es hacer que los árboles rebroten rápidamente del tocón. Esto se consigue cortando a matarrasa una sección al año, pero no justo al lado de lo que se cortó el año anterior, pues entonces los árboles no se estirarán tanto como cuando crecen a la sombra de otros árboles altos. Además, es importante que la sección que se ha cortado a matarrasa esté protegida del viento. La tala se hará en invierno, y en todo caso antes del ascenso de la savia o los tocones se degradarán. Los tocones bajos (unos 10 cm) con un corte ligeramente inclinado darán los brotes más vigorosos. En cambio, los tocones de fresno deben ser altos, y los del avellano muy bajos.

Los vástagos empezarán a rebrotar del tocón al año siguiente, a menudo en manojos densos que hay que ralear de manera sistemática, y así año tras año. Con el tiempo, el bosque será denso y uniforme, con árboles de altura similar en cada sección. Los verdaderos entusiastas aprovecharán también un truco de cultivo de huertas ecológicas y fertilizarán el suelo del bosque con ceniza de leña, ya que la ceniza contiene todo lo que hubo en el árbol salvo el agua y la materia seca, es decir: hierro, potasio, fósforo, calcio y magnesio. A los árboles no les viene mal un pequeño suplemento. Lo mejor es esparcir la ceniza sobre la nieve o mezclarla con agua para que el aporte nutricional no sea demasiado repentino.

Los árboles también pueden absorber de la tierra metales pesados como el cadmio, el plomo, el cobre o el cinc, que se acumularán en la ceniza. En ese

caso no hay que usar la ceniza como fertilizante, aunque sigue siendo de utilidad. Por ejemplo, en Kågeröd, Suecia, se aprovechan las aguas residuales de las ciudades para fertilizar los bosques energéticos, lo que triplica el índice de crecimiento de los árboles. De ese modo el bosque funciona a un tiempo como depuradora y como fuente energética, y las cenizas se tratan como desechos peligrosos. Con estos esfuerzos nadie debería quejarse de la explotación del ciclo vital. La ceniza de los árboles que se cortaron la primavera pasada se usa o bien para fertilizar los rebrotes que salen del tocón al año siguiente o bien para purificar el suelo del bosque.

Por supuesto, no hace falta ser tan ambicioso. Un bosque productivo y bien cuidado tiene su propia calma y dignidad. Y, si el tiempo de rotación de los árboles es de cuarenta años en vez de quince, nos permite entrever la perspectiva temporal que todo dueño forestal conoce. En un bosque nada ocurre de la noche a la mañana. Para cuando empieces a disfrutar de los frutos de tu trabajo inicial, te quedará poco pelo y estarás calculando la pensión de jubilación. En la mayoría de los casos, los verdaderos beneficios los cosechará la siguiente generación. Pero talar árboles en un bosque bien gestionado es casi un ritual, y en términos de eficiencia y de leña obtenida, el beneficio será mucho mayor que el de un bosque mixto sin cuidar.

Especies arbóreas y sus usos

Este libro trata sobre las especies arbóreas más comunes en los países nórdicos, pero en todo el mundo existen tipos de árboles que dan una leña excelente. En América del Norte, aparte de las variedades ya mencionadas, se aprecian sobre todo el nogal americano, la acacia y el carpe. En España, el pino, el roble, el nogal, la encina o el olivo. En la mayor parte de las culturas de tradición ininterrumpida de la leña, las especies de madera dura se siguen considerando las mejores, ya que en el pasado las casas estaban mal aisladas y las estufas calentaban poco. Las maderas duras pesan más, y dan más calor que las maderas porosas del mismo volumen. Pero, teniendo esto en cuenta, kilo por kilo todos los tipos de madera dan el mismo calor, y en las viviendas modernas, bien aisladas, no es seguro que la leña dura sea lo óptimo para todas las situaciones. En muchos casos, sobre todo al principio y al final de la temporada de calefacción, el problema de la leña pesada es que la estufa acabe calentándose demasiado. En periodos de menos frío, puede resultar ideal una leña más fina y ligera, ya que arderá intensamente sin calentar en exceso la casa, y además contamina menos.

Desde una perspectiva más amplia, también es importante tener en cuenta aquellas especies que crecen rápido y crean paisajes frondosos. Casi

PÁGINA 54. Incluso un antiguo tocón de abedul puede nutrir a dos árboles jóvenes. Aprovecharán el antiguo sistema de raíces y crecerán rápidamente. Los tocones de roble de hasta dos milenios podrán dar vida a árboles nuevos.

todas las especies de madera sirven para leña y todas arden cuando están secas. En todo caso, en América existe un puñado de variedades que al calentarse emiten gases venenosos, entre ellas el zumaque venenoso *(Poison sumac)* y la manzanilla de la muerte *(Manchineel)*. No son frecuentes, pero consulta a los expertos locales si tienes dudas. A la hora de reunir una reserva de madera, es muy probable que la forma de la madera sea tan decisiva para el trabajo como su dureza o su poder calorífico. Un árbol alto con pocas ramas y tronco cilíndrico será mucho más fácil de cortar y partir que un árbol de ramas torcidas.

Abedul

El emperador de los bosques noruegos tiene una excelente reputación como árbol de leña, hasta el punto de eclipsar injustamente a otras variedades, y muchos noruegos están convencidos de que el abedul es lo único que vale.

Sin embargo, este prestigio está bien fundado: crece en abundancia (el 74% del bosque caducifolio noruego es de abedul) y es un árbol alto y erguido (a excepción del abedul blanco del Ártico, que puede ser tortuoso y difícil de meter en estufas pequeñas), y si crece apretado en el fondo de valles y tierras bajas, tendrá largos tramos de tronco sin rama. La madera del abedul es bastante dura —de hecho, el fuselaje de los aviones de combate Mosquito de la Segunda Guerra Mundial era de contrachapado de abedul—, y las piezas de madera largas, lisas y sin defectos están muy solicitadas entre los fabricantes de muebles.

Uno de nuestros árboles más célebres es el «abedul real» de la ciudad de Molde. Aparece en una famosa fotografía del rey Haakon VII y el príncipe Olaf en abril de 1940, poco después de la ocupación alemana de Noruega, que fue importante para desmentir los rumores de que el rey había muerto o abdicado. El árbol se convirtió en una imagen central del poema de Nordahl Grieg «El Rey». Después de la guerra, el árbol sufrió repetidos actos vandálicos, y acabó derrumbándose durante el huracán de la Nochevieja de 1992. Diez años antes, el rey Olaf V había plantado un nuevo «abedul real» en el mismo lugar. También este fue dañado, pero la nación insiste en que debe haber un «abedul real» en Molde, y el tercer árbol, que plantó el rey Harald V en 1992, ha podido crecer en paz, aun cuando en 2011 una tormenta primaveral le rompió la copa.

De nuevo en el bosque, veremos que el abedul es maravillosamente manejable, comparado con el pino y el abeto. Las ramas son bastante delgadas y no tiene agujas ni savia que se pegue a los guantes o a las herramientas. Tiende a tener un único tronco erguido, casi como un cilindro, con lo cual es fácil de cortar. La pila de leña se construye rápidamente y queda de un blanco precioso.

Además, su leña se comporta de manera ejemplar en la estufa. Su poder calorífico es alto y no lanza chispazos por la habitación. Por si fuera poco, la corteza es fácilmente inflamable, y la leña deja un fondo de intensas brasas. Pero el abedul también tiene sus exigencias: necesita un secado rápido y se degrada enseguida si se ve atacado por hongos o moho. Si se deja tumbado y desatendido en tierra, pronto se pudre.

El abedul crece con vitalidad hasta los cincuenta años, aproximadamente, y no suele sobrevivir más de dos siglos. El abedul pubescente puede alcanzar los 20 m, y el abedul péndulo casi llega a los 30 m. Su densidad media es de 500 kg de materia seca por metro cúbico.

Abeto

Aunque muchos leñadores desprecian el abeto por su bajo poder calorífico y porque se reduce a cenizas que no dejan brasas de intensidad, esta especie tiene su espacio en la cultura de la leña.

El abeto prende con facilidad y se calienta rápidamente, con lo cual es ideal para caldear una cabaña fría. Además, gracias a su estructura, es fácil de trocear en astillas, y una reserva de leña no está completa sin leña de encendido de abeto. Las astillas de leña que se usan para las cocinas suelen ser de abeto (o de álamo temblón), porque esta madera se consume deprisa y de manera estable, y la temperatura se controla alimentando el fuego cada tres o cinco minutos. Antaño a la leña de abeto se le llamaba «leña de cocina», y a la de abedul «leña de salón».

El abeto y otras coníferas tienen una estructura densa por dentro, que hace que chispeen y crepiten cada vez que explota una bolsa de resina, así que se prestan mejor a estufas o chimeneas con puertas de cristal. A mucha gente le gusta la crepitación, porque parece que «hay vida» en la estufa, y es muy típico quemar abeto durante las fiestas navideñas, cuando es tradición tener una pila de leña de abeto dentro de la casa.

En el bosque el abeto no es para los pusilánimes. Un árbol realmente denso puede tener tantas ramas que nos impidan ver el tronco. En principio, la leña de abeto es fácil de partir, pero a menudo el árbol tiene grandes ramas a lo largo de todo el tronco, y entonces es difícil de cortar con hacha. Una astilladora hidráulica puede solucionar el problema.

Debido a la demanda desproporcionada de abedul, los comerciantes de leña suelen vender el abeto a precios más razonables de lo que indicaría la diferencia en poder calorífico. Esto significa que a menudo la leña de abeto suele dar más kilovatios por el mismo precio.

El abeto es alto, puede medir hasta 35 m, y la pícea de Sitka aún más. Hoy día, el abeto más alto de Noruega mide 48 m y tiene una densidad media de 380 kg/m^3, pero esta cifra puede variar enormemente desde 300 hasta 600 kg/m^3.

Pino del norte

Es la «caza mayor» de los bosques noruegos. Con su tronco erguido y rugoso, casi siempre se trabaja como madera de sierra. Los pinos totalmente crecidos son enormes y pesados, y el transporte, la tala y el corte requieren un esfuerzo desproporcionado del leñador, por no hablar del riesgo que supone cortar árboles tan grandes. Aun así, los pinos más pequeños son buenos árboles de leña, ya que el tronco es recto y fácil de desramar. Su poder calorífico es alto y proporcionan buena leña para la estufa una vez que se han secado bien. En cambio, el pino verde es casi imposible de quemar. Incluso en una hoguera grande se resiste al fuego como si fuera amianto. Cuando debían encender una hoguera en nieve profunda, los samis del norte de Suecia acostumbraban a hacer una base de leños de pino para evitar que el fuego derritiera la nieve y acabara en un hoyo por la mañana. Esta leña produce llamas grandes con mucha luz, y en los viejos tiempos era práctico echar pino seco a la chimenea para tener luz durante el trabajo.

Los pinos con cortes o hendiduras en la corteza producirán grandes cantidades de savia para cerrar la herida, y la resina impregnará la madera que la rodea. La madera resinosa arde tan bien que se puede usar como antorcha. La densidad del pino suele ser de 440 kg/m^3, pero puede variar bastante, y un pino de suelo pobre y de crecimiento lento puede ser extremadamente duro y denso. Conviene deshollinar con regularidad la chimenea, la estufa y el conducto si se quema pino a menudo, porque su contenido en aceite deja mucho hollín seco.

Roble

Si tienes acceso a un bosque de roble, eres afortunado. En muchas culturas ocupa una posición mística, y sin duda es la madera más significativa para el desarrollo de la civilización occidental. Una de las razones es el modo en que se bifurcan las ramas del roble. Al partir un árbol grandote y de forma adecuada, los carpinteros podían rescatar una serie de estructuras y materiales de construcción diferentes y de lo más sólidos. Gran parte de la madera usada para la construcción naval seguía las curvas naturales del roble, y existen carteles que muestran la forma adecuada de partir los árboles con los que se van a construir barcos, semejantes a los carteles de los carniceros para indicar las piezas de la carne de vacuno. La parte en la que el tronco del roble se divide en dos constituye una «V» increíblemente resistente, que se aprovechaba para las cuadernas de los barcos. Una de las construcciones de madera más impresionantes del mundo es el techo del palacio de Westminster londinense, construido hace seiscientos años: muchos arcos siguen las líneas naturales del roble del que se extrayeron.

La característica más excepcional del roble es su dureza extrema y su resistencia. Por eso sobrelleva todas las pruebas a las que lo expone el avance de la civilización, ya sea en la forma de buques de guerra, catedrales o ramas lo bastante fuertes para colgar a un criminal. Un estudio de los antiguos mapas de distribución del roble muestra que hay o ha habido grandes bosques de roble cerca de casi todas las grandes metrópolis de Europa, Norteamérica y Asia. Casi todas las naves

Si se cortan especies tanto pesadas como ligeras, y se rajan en leños de una variedad de grosores, habrá leña para cualquier ocasión, desde el frío otoñal hasta las temperaturas gélidas.

vikingas, entre ellas los famosos barcos de Gokstad y de Oseberg que hoy se encuentran en el Museo de Barcos Vikingo de Oslo, estaban hechas de roble.

Dicho lo cual, resulta una blasfemia describir las cualidades del roble como madera de leña, pero es cierto que también en este aspecto sale muy bien parado. Los árboles jóvenes pueden tener troncos bastante rectos y fáciles de trabajar, mientras que los más viejos suelen dividirse en largas ramas arqueadas. Es fácil de cortar cuando está verde y, mientras seca, su aroma recuerda a la miel. El roble requiere hasta dos años de secado. El poder calorífico es el más alto de las especies de árboles noruegas (únicamente superado por el del haya). Solo en el sur de Noruega hay robledos de tamaño considerable, pero el roble se está extendiendo hacia el norte. Puede vivir hasta dos mil años, y hay varios ejemplares de más de mil. Los más grandes del país tienen un diámetro de casi 3 m. Su densidad media es de 550 kg/m³.

Haya

El haya es el árbol nacional danés, el más extendido en Dinamarca y, naturalmente, el más empleado para leña. Tiene el poder calorífico más alto de todos los árboles comunes en Escandinavia. En Noruega es relativamente escaso, y muchos han llegado a desear que el árbol emigrase a zonas más septentrionales. El haya es de crecimiento lento y puede llegar a tener más de cuatrocientos años. Suele ser muy grande: hasta 40 m de altura y 1,5 m de diámetro. Gracias a su textura fina y lisa ha sido un material de muebles solicitado durante siglos, que se puede curvar con vapor y tornear. Curiosamente, el haya no ha dado lugar a tantos mitos y leyendas como otros árboles igual de longevos. Sin embargo, es interesante notar que muchos idiomas germánicos y también el ruso emplean un mismo término para designar tanto «haya» como «libro» o «carta». Una explicación persuasiva se remonta a la época en que se escribía en tablas, cuyo material predilecto era el haya, ya que se podía cortar en capas finas y su superficie lisa era perfecta para grabar las letras con precisión. La corteza es seca y firme, casi como la piel del elefante, y la madera permite un trabajo limpio. Debido a su dureza, requiere una cadena de sierra bien afilada, pero es fácil de partir cuando está verde. Tiene un alto poder calorífico: 3.032 kWh/m³ de media.

Fresno

El fresno se conoce en muchas culturas como el «árbol de la vida». En la mitología nórdica, Yggdrasil era un fresno de muchas ramas que se extendían por todo el mundo, y los primeros hombres, Ask y Embla, se crearon respectivamente del fresno y del olmo. Durante un breve periodo en los años setenta, en Noruega se puso de moda la decocción de ceniza de fresno. Eran tiempos en los que la gente redescubría las creencias populares, y muchos se convencieron de que el fresno tenía propiedades medicinales, así que se vendía en grandes cantidades, también en farmacias. Finalmente los médicos e investigadores vinieron en auxilio del país, y hubo que reconocer que los efectos de la pócima milagrosa eran moderados o inexistentes.

Pero del árbol en sí no hay por qué desconfiar. La madera es muy resistente, y a lo largo de los siglos la carpintería lo ha aprovechado para las estructuras de carros y volquetes. Aún hoy, la carrocería del coche clásico Morgan, fabricado en el Reino Unido, descansa sobre una estructura de madera de fresno. Como leña, ha sido siempre muy popular, debido sobre todo a su escaso nivel de humedad, que puede descender hasta el 34%. El fresno recién talado tiene tan poca humedad que, incluso en invierno, se puede quemar sin secado, aunque como toda madera es mejor secarlo para que caliente de verdad. También es fácil de partir.

En lo que llevamos de este segundo milenio, el hongo de la acronecrosis del fresno ha afectado a fresnedas enteras en muchos países. Esta amenaza tiene repercusiones más amplias, ya que, como las hojas del fresno dejan pasar mucha luz, el suelo de estos bosques goza de una rica diversidad biológica, que igualmente se verá dañada.

El fresno rebrota desde el tocón, y por ello resulta ideal para el cultivo de vástagos. El tocón alcanza una altura considerable antes de bifurcarse y por tanto es fácil de talar y cortar pese a su forma naturalmente curvada. Tiene una densidad excelente: 550 kg/m³.

Arce

El arce es un árbol estupendo y vigoroso, sobre todo en otoño, cuando despliega su impresionante follaje anaranjado, porque, a diferencia de la mayoría de los árboles caducifolios, desarrolla nuevos pigmentos en las hojas cuando se acerca el invierno. El arce es el árbol nacional de Canadá, y su hoja característica también forma parte de la bandera del país. La madera es clara y brillante, ideal para la carpintería o los instrumentos musicales, sobre todo el fondo del violín. El cuerpo de los pianos Steinway (que también contienen otras seis especies de madera) está hecho de arce azucarero, bastante más duro que las otras variedades de arce. El famoso jarabe de arce, tan habitual como acompañamiento de las tortitas en Norteamérica, se extrae del mismo tipo de arce, ya que es mucho más espeso que la savia del arce normal.

El arce es relativamente robusto, capaz de sobrevivir en entornos salados y con una contaminación moderada. Puede llegar a medir 30 m. El follaje es bastante espeso y el suelo del bosque goza de sombra casi constante. A menudo le salen ramas en la parte baja del tronco, y los que crecen asilvestrados tienen una copa grande, de modo que convertirlos en leña puede ser un proceso laborioso y su secado, lento. Eso sí, el poder calorífico es irreprochable: 2.820 kWh/m^3.

Álamo temblón

Muchas de las cerillas del mundo están hechas de álamo temblón. Su poder calorífico no es particularmente alto, pero es fácil de cortar en astillas delgadas que se consumen con una llama constante y pausada, lo cual lo convierte en leña ideal para el encendido y la cocina. Por otra parte, a veces el proceso de secado resulta impredecible, ya que aunque se corte, parta y almacene como dictan las buenas costumbres pueden quedar bolsas de humedad en algunos leños, mientras otros secan perfectamente. Un fenómeno para el que los investigadores de la madera aún no han encontrado una explicación satisfactoria.

Un parásito que se encuentra con frecuencia en el álamo temblón es el hongo *Phellinus populicola*. Sus excreciones verrugosas son extremadamente duras y arden despacio. Antaño se solía meter este hongo en el horno por la noche con los últimos leños, para que las brasas siguieran ardiendo por la mañana.

Sus hojas son tiesas y de tallo largo y plano, y crujen incluso ante brisas suaves, lo que ha dado lugar a muchas leyendas en el mundo entero. Entre otras cosas, se decía que el álamo temblón estaba condenado a temblar eternamente porque con su madera estaba hecha la cruz de Jesucristo. Lo cierto es que en aquella época no había álamo temblón en tierras israelitas, y tampoco se menciona este árbol en la Biblia, donde el roble se cita veintiséis veces.

En algunas partes de Noruega es raro encontrarse con un álamo temblón, mientras que, por ejemplo, en Agder y Telemark representa una parte significativa del bosque caducifolio. El álamo temblón se establece rápidamente en explanadas y crece muy rápido. Puede llegar fácilmente a los 25-30 m y tiene una densidad media de 400 kg/m^3.

Otras variedades

La madera del **olmo** es fuerte y dura (540 kg/m^3), pero por desgracia la enfermedad holandesa del olmo ha mermado la población en muchas partes de Europa. Es difícil de partir con hacha, por lo que suele utilizarse una astilladora hidráulica. Los tocones proporcionan tajos excelentes. El **sauce** suele crecer tan esparcido que rara vez da lotes grandes de lena, pero algun ejemplar que otro en la pila puede ser un bonito recordatorio de lo útil que resultaba antes tanto la corteza como el follaje. La primera, en medicina popular —el nombre en latín del sauce es *Salix,* y de él se extraía antaño el principio activo ácido salicílico de las aspirinas—; el segundo, como forraje para los animales. Esta madera flexible es versátil y se puede usar tanto para fabricar esquís como aros de barril, y la infancia no es completa sin una flauta de sauce.

El **serbal** ha dado siempre una leña con enorme demanda en Noruega, dado que su carbón arde mucho tiempo en la estufa. Sin embargo, en otros países quemarlo era tabú, porque se decía que esta madera protegía de las brujas. Tiene una densidad de 540 kg/m^3 y emite un olor fuerte mientras se seca. El **aliso gris** y el **aliso negro** tienden a ser ignorados como leña por su densidad relativamente baja (360 y 440 kg/m^3). No obstante, son árboles de crecimiento rápido y dan mucho calor por hectárea. Además, la leña de aliso seca más que otras maderas en condiciones similares, su humedad puede bajar hasta el 8%, lo que en la práctica le brinda un poder calorífico alto. El aliso gris, sobre todo, crece rápidamente, y alcanza su altura máxima tras solo veinte o veinticinco años. En los viejos tiempos, la madera del aliso negro se solía usar para embalses y para las suelas de los zuecos. Al aliso le encanta el agua y tiende a crecer a lo largo de las riberas de los ríos o en tierras pantanosas, y lo hace muy apretado, así que lo mejor es cortarlo mientras el suelo está congelado. Cuando se seca, el extremo expuesto del aliso adquiere un maravilloso color naranja que ilumina la pila de leña.

Página 63. Las pinzas de elevación fueron patentadas por primera vez por el sueco Anders Bergman de Helsingland en 1893, pero la variante que actualmente se usa en todo el mundo fue desarrollada por Nell Gravlie de Nord-Odal en Noruega, cuando tenía doce años. Obtuvo los derechos para el diseño en 1928.

Páginas 64-65. Espada de motosierra producida en Noruega a principios de los años sesenta.

—

LAS HERRAMIENTAS

Trabajar duro alimenta recuerdos, y los recuerdos quedan grabados en nuestras herramientas. Cada rasguño en la sierra, en el hacha o en las pinzas de elevación evoca el sudor de los días en el bosque. Muchos leñadores desarrollan una relación íntima con las pocas y sencillas herramientas que necesitan, y con la pátina de resina, tiempo y uso intensivo que las acaba cubriendo, porque en este tipo de trabajo no hay lugar para utensilios de mala calidad. Todo tiene que aguantar una caída al suelo, quedarse enterrado bajo la nieve o una capa de óxido. En contrapartida, una buena herramienta manual tendrá el desgaste de toda una vida de uso, y al final será el monumento de quien la haya tenido en su poder.

———

La médula del corte de leña es la motosierra. Apenas hay una herramienta capaz de semejantes proezas por litro de combustible. Siempre y cuando la cadena esté bien afilada, la motosierra hará todo lo que le pidas. Llueva, nieve o granice, una motosierra te dará 9.000 rpm, al margen de que apuntes arriba, abajo o de lado. En una hora de trabajo transformará un viejo pino en troncos desramados y cortados, y con un sencillo mantenimiento lo seguirá haciendo año tras año.

Elegir la motosierra es algo que define al leñador. No se puede adquirir en una tienda de jardinería un sábado por la mañana, con el helado derritiéndose por los dedos de los niños, tu mujer deseando irse a casa y el tiempo del parquímetro a punto de agotarse. Igual que el rifle de caza, el coche o el equipo musical, la elección de una motosierra es algo que precisa calma. Antes de tomar una decisión hay catálogos que estudiar, especificaciones que comparar, más catálogos por los que abrirse camino; cada decimal relacionado con los caballos o los niveles de vibración hay que revisarlo con detenimiento. Solo entonces uno habrá sentado las bases para desarrollar una relación consciente con la motosierra, y no se trata únicamente de fetichismo. Familiarizarse con una herramienta tan eficiente tiene todo el sentido del mundo, pues la misma eficiencia puede resultar fatal si cae en manos inexpertas.

Lo mejor es tomarse un descanso del trabajo y realizar la compra durante el día laborable, cuando las tiendas están tranquilas y el vendedor en buena forma. Su pericia será tan importante como la marca, y no en vano las pequeñas poblaciones noruegas suelen dividirse entre «pueblos Stihl», «pueblos Jonsered» o «pueblos Husqvarna», en función del dominio del mercado que un vendedor local se va ganando con el tiempo. Estas tres marcas llevan años dominando el mercado de motosierras noruego. Antes también se vendían otras, pero las compras y las fusiones han reducido el número. Por ejemplo, ya apenas se ve la marca alemana Dolmar, aunque aún la usan las Fuerzas Armadas Noruegas.

Entre los habituales de los bares y cafeterías locales, la discusión casi siempre se ha dividido entre la alemana Stihl y las suecas Jonsered o Husqvarna. Estas últimas tienen muchos modelos que en la práctica son idénticos, y solo difieren en el color y el diseño. Lo atractivo de la discusión es que se basa en pequeños detalles y, al igual que otras discusiones semejantes (Opel contra Ford, Chevrolet contra Dodge), puede extenderse hasta el infinito, pues lo cierto es que ambas marcas tienen la misma calidad.

Entonces, ¿qué tipo de motosierra elegir? El primer mandamiento es encontrar a un vendedor simpático y local capaz de contestar a toda una serie de preguntas detalladas sobre las funciones de la sierra y, tal vez, explicar con mucha educación que para el uso que le vas a dar no te hace falta una hoja de medio metro. Los buenos vendedores siempre venden botas de protección, casco y piezas de recambio, y no desvían la mirada cuando les preguntas si te pueden enseñar la manera correcta de afilar la cadena.

Muchos fabricantes ofrecen tres niveles de calidad: sierras *hobby* (uso ocasional), sierras de trabajo (uso habitual) y sierras profesionales (uso constante).

PÁGINA 66. La sierra de arco es una herramienta de larga tradición, con una pureza que en verdad conecta al usuario con los elementos. La sierra de esta foto consta de una hoja para madera seca. Para la leña verde se recomienda una hoja especial con dientes asimétricos que no se enganche.

PÁGINA 68. Una plantilla con imán fijada a la espada de la sierra es una herramienta muy útil. Se hacen marcas pequeñas en la madera antes de quitar la plantilla y cortar la madera en trozos equidistantes.

PÁGINA 69. Los primeros centímetros del mango del hacha, justo debajo de la cabeza, se astillan con facilidad, y a veces se rompen por ahí. Esta hacha de rajar de Gränsfors tiene un refuerzo de acero, y las demás se pueden proteger de igual modo. Un refuerzo de celo grueso será suficiente.

Independientemente de en qué quieras emplear tu dinero, evita a toda costa comprar una sierra demasiado grande y pesada. Cortar leña con ella será como ponerse los esquís alpinos en una pista de esquí de fondo. Una regla de oro dice que si la motosierra no resulta demasiado pequeña es que es demasiado grande.

Las sierras buenas de verdad tienen una esperanza de vida larga, y se pueden conseguir de segunda mano por un precio razonable, pero primero asegúrate de que un manitas competente y con aceite bajo las uñas le haya mirado el freno de la cadena, el piñón, el embrague y demás componentes cruciales. Los leñadores novatos corren el riesgo de entrar en las estadísticas de accidentes si se van directos de la oficina al bosque con una motosierra prestada y destartalada que nunca ha recibido un cuidado adecuado.

El problema más común de las motosierras antiguas es que cuesta arrancarlas, ya sea cuando están frías o una vez que han alcanzado la temperatura de trabajo. El defecto suele encontrarse en el carburador —el sistema de encendido de las sierras fabricadas después de 1980 es casi siempre electrónico y no precisa mantenimiento—. Por lo general, a las sierras difíciles de arrancar se les puede dar una segunda vida si se le hace una puesta a punto al carburador. En la mayoría de las motosierras se trata de un mecanismo simple que funciona de maravilla una vez se ha limpiado, insuflado aire comprimido (la máquina de aire de las gasolineras sirve) y cambiado las juntas y las membranas. Es un trabajo que cualquiera un poco manitas puede hacer en una buena tarde de luz o con una buena lámpara. Los kits originales de reparación pueden comprarse donde hayas comprado la motosierra o en eBay; caben en un sobre pequeño y es raro que cuesten más que 5 litros de gasolina.

Un buen afilado

El afilado correcto de la cadena es mucho más importante que el tamaño de la motosierra, tanto que los leñadores noruegos emplean la expresión *skamfile* (afilar a deshonra) cuando la cadena está mal afilada. Con ella en condiciones, la sierra sacará grandes virutas cuadradas y, sin la necesidad de presionarla contra el tronco, se abrirá camino ella sola. Si la sierra no te da más que polvo redondo, ya hace tiempo que habrías debido afilarla.

Cada eslabón de la cadena de motosierra tiene dos dientes: uno de arrastre y otro de corte. Este último es el que corta, mientras que el de arrastre conduce a la profundidad deseada. Es una buena práctica afilar los dientes de corte cada vez que se echa gasolina y aceite de cadena. Para ello se aprovechan una lima redonda y una plantilla, y el objetivo es que todos los dientes tengan más o menos el mismo ángulo. Solo se lima hacia delante, y hay que pasar la lima el mismo número de veces por cada diente; con tres veces suele bastar. Si no se lima igual toda la cadena, acabará vibrando mucho o enganchándose. Con una gota de esmalte de uñas en el primer diente sabrás cuándo has dado la vuelta entera.

A medida que se afilan los dientes de corte, también hay que afilar los de arrastre. Si no, los de corte no agarrarán la madera, por muy afilados que estén. Para los de arrastre se usa una lima plana, y tienen su propia plantilla. Los dientes de arrastre suelen dejarse altos para cortar maderas más duras o trabajar a temperaturas bajo cero, lo que se conoce como «limado de invierno», de modo que la motosierra no pierda velocidad y precisión. Para maderas más blandas se pueden afilar más bajos («limado de verano»), con el fin de que el corte sea más rápido. Las limas y las plantillas de los distintos fabricantes difieren bastante, y no es mala idea cambiar de marca si el afilado resulta difícil.

El equipamiento forestal

Amén de una buena **motosierra**, la prioridad a la hora de adquirir el equipo forestal es un buen par de **pantalones de protección**. Vienen con un forro anticorte de fibras que se enredan inmediatamente en la cadena si penetra en el material exterior y llegan a detenerla. El **casco** protege de las astillas y los daños auditivos. Los modelos con protector de nuca (algo parecido a los característicos gorros de la legión extranjera francesa) te cuidan de la nieve y las ramas. Las **botas de seguridad** tienen puntas de acero que pueden salvar los dedos de los pies; son obligatorias si se parte leña con hacha. Las **pinzas de elevación** son una demostración brillante de las leyes de la física: fijan el tronco a un ángulo que mejora muchísimo la postura de trabajo y protege la espalda. Cualquier persona con dos brazos puede ayudarse de dos pinzas de elevación a un tiempo, de modo que la carga sobre el cuerpo será más equilibrada mientras se arrastran los troncos. Las **cuñas de tala** son muy útiles a la hora de talar árboles grandes: se ponen en el corte para que la hoja de la sierra no se quede enganchada si el árbol empieza a inclinarse hacia el lado no deseado. En todo caso, ve con ojo: si los árboles son lo bastante grandes como para que las necesites, probablemente no sean para novatos. El **bidón combinado** para las motosierras tiene un depósito pequeño para el aceite de la cadena, y uno más grande para la gasolina. Cuando el depósito está lleno, un mecanismo de corte interrumpe el flujo, y nadie que lo haya probado quiere volver a luchar con un bidón estándar y un embudo. Entre los depósitos hay sitio para colocar una **lima redonda**, una **lima plana** y una **herramienta multifunción**. Esta última dispone de un destornillador y una llave, necesarios para cambiar o apretar la cadena y, si hace falta, sacar la bujía. A algunas personas les gusta desramar con **hacha forestal**, pero un **machete** también es una opción excelente si las ramas no son demasiado gruesas, y además es más seguro para un aficionado. Por mucho cuidado que tengas, tarde o temprano acabarás cortando piedra, y una vez que hayas visto la lluvia de chispas sabrás lo grato que resulta llevar una **cadena de repuesto** en la mochila. El equipamiento forestal es pesado y aparatoso, y para cargarlo lo mejor es un morral o una mochila de una tienda de complementos militares. Las motosierras necesitan gasolina con aceite, pero por muy hombre que te sientas no pasa

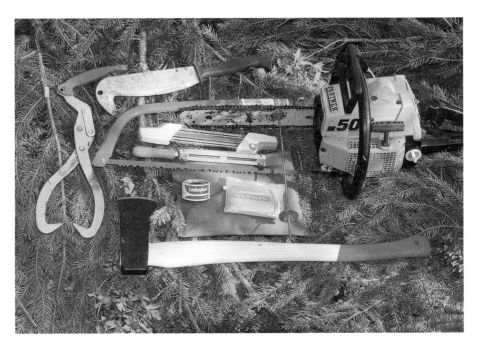

Cosas útiles: pinzas de elevación, machete para el desrame de las ramas finas, sierra de arco con una hoja para la leña verde, limas (una estándar y otra especial, capaz de afilar el diente de corte y el de arrastre al mismo tiempo), una plantilla con imán, un hacha forestal y un kit de primeros auxilios bien provisto, donde siempre es útil incluir un rollo de papel higiénico.

nada porque uses gasolina sintética. Entonces el humo será menos desagradable, y lo cierto es que a la mayoría de las motosierras les va mejor que la gasolina con mezcla de aceite. Si se produjese un accidente, un **kit de primeros auxilios** contiene todo lo que necesitas para las pequeñas y grandes heridas, y también es buena idea llevar el **teléfono móvil** siempre a mano en el bolsillo. Además, un **rollo de papel higiénico** puede salvarte el día.

Motosierras

Stihl. Es una buena marca alemana con muchos adeptos en Noruega. La empresa la fundó el pionero de las motosierras Andreas Stihl (1896-1973), quien patentó la primera motosierra funcional a base de gasolina en 1929. En Alemania se conocía como la Stilsche Baumfällmaschine Typ A. La marca se ha mantenido fiel a su característica carcasa blanca y naranja, y gracias a la buena calidad de la ingeniería alemana aún es posible ver modelos antiguos de Stihl en el bosque.

Jonsered. Sinónimo de cultura forestal sueca. En 1954 lanzaron su modelo Raket, que según los estándares de la época era una motosierra ligera para uso individual. Al principio la empresa se llamaba así en honor al pueblo de Götaland donde comenzaron a fabricarse. Luego Electrolux compró la fábrica y ahora

Esta Jonsered 590 ha visto muchos buenos días de trabajo desde que se produjo a finales de los años ochenta.

comparte genes y componentes con su antiguo rival Husqvarna. En cuanto al marketing y la elección de colores, Jonsered mantiene una línea más joven y fresca. Tiene una serie de sierras baratas hechas en Asia, pero el resto se produce en Suecia.

Husqvarna. Una marca clásica. La carcasa es de color «naranja Husqvarna» desde 1959, un color que tiende a difuminarse con el tiempo. A mediados de los años sesenta lanzaron el modelo 65, una de las primeras motosierras que servían tanto para el desrame como para la tala. Husqvarna está en el origen de muchas innovaciones. Entre las más recientes encontramos el freno de la cadena, que se activa tanto desde el mango delantero como desde el trasero. Es un pariente de Jonsered, pero al igual que sucede con Audi/Volkswagen, la marca Husqvarna se reserva para los modelos grandes. La sierra mayor tiene un motor de 119 cc.

Partner. Esta compañía —que originariamente se llamaba AB Bergborrmaskiner— fabricaba motosierras mucho antes que Jonsered y Husqvarna. Produjeron sierras profesionales hasta los años ochenta, cuando Electrolux adquirió la marca y acabó reconvirtiéndola para crear modelos *hobby*. La mayor parte de los modelos son ahora variantes sencillas hechas en Asia y se venden en ferreterías, pero si un leñador aparece con una sierra Partner de las antiguas entre las manos, forma parte del «club».

JoBu. Tan noruego como el esquí de fondo, el salmón ahumado y el bacalao. La fábrica se fundó en los dinámicos tiempos de la posguerra, y durante años la marca fue líder en desarrollo de productos. Mucha gente tiene una relación especial con las sierras JoBu, en parte porque se desarrollaban y fabricaban en Noruega, en parte porque su calidad fue siempre excelente. Pero también a JoBu se la tragó Electrolux, y la fábrica de Drøbak cerró en 1983.

El hacha

El ser humano tiene una gran deuda con el hacha. Los edificios, los barcos, los muebles..., todo debe su existencia al ingenio de aquel remoto antepasado que apareció con la idea de fijar una piedra afilada a un mango de madera, y así multiplicar su fuerza sin sacrificar la precisión. Durante miles de años, el hacha —a la vez un arma, una herramienta y un signo de riqueza— fue el utensilio más importante para el hombre, pero a menudo hoy descansa olvidada en un rincón del garaje, llena de óxido y sin afilar, y solo se saca para cortar hielo u otras cosas para las que está sobrecualificada. O para el corte de leña, donde, con una buena técnica, puede ser tan eficiente como una astilladora hidráulica, y necesitará menos maniobras y menos tiempo de espera.

Un hacha realmente buena merece tener tu nombre grabado. A diferencia de la motosierra, un hacha nunca se desgastará, solo puede estropearse. Por supuesto, puedes comprar una barata hecha de chatarra en la sección de gangas de alguna tienda, igual que puedes optar por cenar copos de maíz todos los días, o dejar de cambiar el aceite de tu coche. Permítanme aquí un momento para el patriotismo, ya que en los países nórdicos encontramos algunas de las mejores fábricas de hachas del mundo. Las más grandes son Hultafors, Fiskars, Øyo, Gränsfors y Wetterlings, además del revolucionario invento Vipukirves. La gama es amplia, y los modelos del mercado se complementan bien. Para las hachas no sirven las recomendaciones categóricas, porque la predilección de una persona puede ser la última opción de otra. Lo importante es escoger el peso y la longitud del mango en función de tu complexión y del tipo de leña que vayas a cortar. Comprueba si la forma ovalada del mango va bien con la forma de tu mano y, por supuesto, si se adecúa a tu gusto personal.

De forma instintiva, mucha gente opta por las herramientas grandes y pesadas, pero la segunda ley de Newton —que asegura que duplicar la velocidad equivale a cuadruplicar la fuerza del impacto— también puede aplicarse al mundo de los leñadores. A 13 m/s, un hacha con una cabeza de 1,5 kg tiene la misma fuerza que una cabeza de 2,5 kg a 10 m/s. Los estudios prácticos realizados por Hultafors demuestran que 1,6 kg es el máximo que una persona con un físico razonable puede manejar durante un tiempo prolongado, aunque, por descontado, de vez en cuando viene bien un hacha grande y un esfuerzo muscular extra para los troncos particularmente nudosos y resistentes.

Los detalles de las hachas pueden originar diferencias significativas en su uso. Un martillo de rajar con una hoja larga puede penetrar profundamente en la madera, lo que resulta útil si esta es nudosa, pero si tienes la mala costumbre de girar ligeramente la muñeca en el momento del golpe, cuanto más larga sea la hoja del hacha más torcido saldrá el impacto. Los mangos largos aumentan sensiblemente la velocidad, pero hace falta más práctica para lograr golpes precisos. Conviene que el hacha tenga una uña gruesa al final de la empuñadura, para que no se te deslice de la mano y puedas imprimir más impacto al golpe. Los mangos curvos mejoran la ergonomía y la aceleración, sobre todo si se deja deslizar la mano dominante justo antes del impacto, pero una curvatura excesiva torna el hacha sensible a pequeños defectos en el ángulo de la muñeca y puede afectar a la puntería. El ángulo entre el mango y la cabeza del hacha debe estar ajustado según el uso que se le vaya a dar. Habitualmente la cabeza debe apuntar unos grados hacia abajo respecto al eje longitudinal del mango; si no, el filo no entrará bien en la madera.

El acero antiguo

Ahora que casi nadie emplea el hacha como principal herramienta de trabajo, muchos modelos son de un acero resistente al mal uso, para que no se dañe el filo. Sin embargo, un hacha de los años setenta o antes será más fácil de mantener afilada, aunque es probable que su filo sea más frágil. Antaño, ciertas hachas forestales se volvían tan frágiles en el frío que los leñadores debían calentarlas antes de usarlas, y se solía distinguir entre el afilado de verano y el de invierno, ya que este último tenía un ángulo algo más embotado. Sin embargo, si tienes la suerte de encontrar una antigua cabeza de hacha sin mango en un mercadillo o en una caseta de herramientas —por ejemplo, una antigua hacha Mustad 2, que se exportó por todo el mundo y tenía un acero de excelente calidad—, podrás darle una segunda vida con solo fijarla a un mango nuevo.

No golpees nunca la parte trasera de la cabeza del hacha, y tampoco la utilices como martillo. El acero del contrafilo no está templado, y el ojo perderá la forma y se soltará la cabeza. El mejor modo de conservar la hoja en buenas condiciones consiste en usar una lima plana para eliminar las irregularidades y afilarla con piedra afiladora en agua o en un afilador. La mayoría de los fabricantes tienen afiladores que dan buenos resultados. Los herreros desaconsejan las afiladoras de banco con piedra esmeril, porque el acero se puede calentar en exceso en pocos segundos. El templado del acero puede estropearse a partir de 200 °C,

PÁGINA 77. Un método antiguo para abrir los troncos largos consistía en henderlos de manera longitudinal mientras estaban en el suelo, es decir, a golpes contra la corteza. Hace falta un hacha de rajar con la cabeza estrecha, como este modelo de Wetterlings. Si no tienes mucho tiempo para rajar y secar la leña, partirla en trozos largos es una buena alternativa, aunque lleve más tiempo. Así, una parte mayor del trabajo se puede hacer en el bosque, y la leña seca es más fácil de transportar.

El hacha finlandesa Vipukirves solo penetra unos centímetros en la leña. El resto de la energía del golpe gira la cabeza del hacha hacia el lado, de manera que las capas exteriores del leño se rompan y se desgajen.

y el hacha nunca será igual. Terminado el trabajo, un hacha con mango de madera debe conservarse en un lugar seco sin grandes cambios de temperatura, para evitar que la madera se contraiga y la cabeza coja holgura.

Tipos de hacha

El **hacha forestal** se usa para el desrame y la tala de árboles pequeños. Su cabeza delgada y con una hoja curva permite cortar a través de las fibras de la madera. La cabeza suele ser bastante ligera, de alrededor de 1 kg, y el mango, de mediana longitud. Gracias a su equilibrio, estas hachas son ideales para los cortes en diagonal. El ángulo de corte es bastante agudo, con frecuencia 30 grados o menos, y hay que mantener un buen filo.

El **hacha de rajar** no busca cortar, sino abrir camino reventando las fibras con presión lateral. Por eso su cabeza tiene forma de cuña, y con su elevado peso delantero está equilibrada para cortar de arriba abajo. La cabeza pesa entre 1,3 y 1,6 kg. Para la leña fácil de partir, como el abedul sin nudos, son perfectas las hachas ligeras con forma de cuña moderada, pero se enganchan con más facilidad, y la leña dura, seca o curvada se parte fácilmente si la forma de la cuña es más pronunciada. Por otro lado, en la práctica, si comparamos las diversas hachas de rajar, la forma de la cabeza influye menos de lo que cabría pensar, ya que necesitamos más fuerza para hacer entrar una cuña grande. Un detalle importante es el ángulo del centímetro final del filo, que es el que permite la entrada y provoca que la madera empiece a rajarse. Si es demasiado estrecho, resulta fácil que el hacha se enganche, y si es demasiado ancho, el hacha rebotará hacia atrás. Lo ideal para este tipo de hachas es un ángulo de entre 32 y 35 gra-

Siete buenos compañeros de trabajo de fabricantes nórdicos. De izquierda a derecha, el hacha forestal sueca de Wetterlings, el hacha de rajar de Vipukirves, el martillo de rajar de Øyo, el gran hacha de rajar de Gränsfors, el hacha de rajar de 1,5 kg de Hultafors, el hacha de rajar X17 de Fiskars y el hacha de rajar Super de Øyo.

dos, así que al afilarla es necesario mantenerlo en esas condiciones. Las hachas Gränsfors tienen un refuerzo de acero justo debajo de la cabeza para impedir que el mango se astille, y las otras se pueden proteger de la misma manera con celo grueso en el mismo lugar.

El **martillo de rajar** comparte propósito con el hacha de rajar, pero está pensado para troncos grandes o muy nudosos, ya que estos necesitan una penetración más honda para reventar. Una hoja larga le permite entrar profundamente en la madera. La cabeza pesa entre 2 y 2,5 kg, de modo que hace falta más fuerza para mantener la velocidad. Por eso el mango es más largo, y casi siempre totalmente recto. Esta bestia requiere toda la fuerza que sus fibras de madera le puedan proporcionar. No es fácil de usar, pero se trata de un complemento potente para las hachas más ligeras, para esos momentos en los que, en la pila de madera, te encuentras con unos troncos particularmente duros y obstinados.

El **hacha de talar** no se ve con mucha frecuencia hoy en día, pero durante siglos fue una herramienta muy importante en el bosque. Está hecha para talar árboles, incluso de gran tamaño. Gränsfors y Wetterlings producen dos modelos especialmente interesantes: hachas de talar puras y duras, basadas en antiguos modelos norteamericanos. En la época colonial, el hacha era la principal herramienta para todo tipo de tala, y emigrantes de todo el mundo habían aportado sus tradiciones herreras para someter a la variedad de árboles que se habían encontrado en el nuevo continente. Puede que las dos reproducciones suecas sean hoy día las que más se parecen al hacha más famosa de la historia literaria: la que usó Thoreau en Walden.

Con el tiempo, el hacha de talar ha quedado obsoleta, pero nadie puede negar que es una herramienta incomparable. Nos pone en contacto directo con

la vida forestal, y no hay modo más épico de tirar abajo un árbol muy amado o muy odiado (como, por ejemplo, el sobredimensionado arce del vecino) que con una American Felling.

Una invención finlandesa

Nadie diría que se pudiera reinventar el hacha, pero en 2005 el finlandés Heikki Kärnä patentó su Vipukirves, también conocida como el Leveraxe, y usuarios del mundo entero la acogieron con entusiasmo. Se trata de un hacha de rajar, pero en vez de adentrarse primero en el leño y luego partirlo en dos, funciona como una palanca que separa pieza por pieza la sección exterior del leño. La cabeza del hacha parece un gran cincel curvado, con un contrapeso en el lado opuesto a la hoja. La cabeza está montada lateralmente en el mango, lo que equivale a un modo ingenioso de aprovechar las leyes de la física, ya que el filo se introduce primero un poco, y luego el contrapeso hace que el resto de la fuerza del golpe gire la cabeza hacia el lado, como una palanqueta. La leña se separa del tronco en tablas planas, que posteriormente se podrán dividir en trozos más pequeños. Los escépticos deberían darse el placer de probarla, porque el hacha de Heikki funciona de maravilla y, con un poco de entrenamiento, acelera el trabajo. Funciona mejor con troncos gruesos de madera erguida que con madera tumbada. Puesto que separa los bordes del tronco, el diámetro de este último no supone un obstáculo, e incluso se pueden partir leños de 30 cm o más asombrosamente rápido. Los nudos gruesos siempre serán un problema, pero es raro que el hacha se enganche. Sí requiere una cierta técnica. Los golpes deben impactar cerca de los bordes del tronco, nunca en el medio. Hay que aflojar un poco el agarre justo antes del impacto para no frenar el giro decisivo. Los leños cortados se inclinan siempre hacia la izquierda, y se trabaja a un buen ritmo colocando un neumático alrededor del tajo y circulando alrededor de él.

Los fabricantes de hachas

Brødrene Øyo (los hermanos Øyo). Fundada en Geilo en 1882, es la única fábrica de hachas que aún existe en Noruega, pero la tradición se remonta lejos. Ciertos hallazgos arqueológicos indican que hace dos mil años ya había extracción de hierro en Geilo. Las hachas Øyo son un clásico de los bosques noruegos, y con su logo del búho y el fuerte color rojo en la empuñadura se han ganado el cariño de la gente. Están hechas a mano, y todas son finas, ligeras y adaptadas al

PÁGINA 80. Stig Erik Tangen, de Løten, delante de su pila cuadrada abierta. Toda la leña está rajada con hacha. Esta técnica de apilado resulta especialmente adecuada para los leños cortos o torcidos. A diferencia de la pila cuadrada cerrada, esta se construye mediante las mismas técnicas que la pila redonda. Al fondo, una canasta de secado hecha con malla de refuerzo.

trabajo prolongado. Las hachas de rajar tienen una hoja con forma de cuña moderada, y su particular estrechamiento en el medio hace que suelte la madera con facilidad si se engancha. Antiguamente, el martillo de rajar de la fábrica tenía una cabeza delgada y tradicional, hasta 2012, cuando se incrementó de manera considerable su forma de cuña, lo que permite una buena penetración y una potente presión lateral.

Hultafors. Esta empresa sueca ofrece una amplia gama de hachas. Se producen sobre todo en la antigua fábrica de Hult, con tradición herrera desde 1697. Una característica común de las hachas de rajar de esta empresa es su hoja larga y profunda, y son de las pocas que sirven para hender troncos en sentido longitudinal. Su martillo de rajar tiene una cabeza de 2,2 kg, delgada y larga, que permite una penetración profunda en el pino y el abeto. El contrafilo de la cabeza del martillo de rajar está tan templado que puede usarse como cuña.

Gränsfors. Esta compañía lleva produciendo hachas desde 1902 y ha invertido un esfuerzo considerable en la preservación de los antiguos modelos. No solo las destinan al trabajo forestal y la carpintería, sino que también venden hachas arrojadizas y hachas de guerra históricas. El acabado es deliberadamente rugoso en las partes que no requieren una superficie lisa, y no hay dos piezas idénticas: cada una la forja y la ensambla un mismo herrero, que graba sus iniciales en la cabeza del hacha y le da su toque personal. La atención a los detalles es ejemplar, desde el aroma a aceite de linaza hasta el mango de nogal, pasando por el hilo de bramante con el que se ata al mango la «Libreta del hacha», donde también encontramos una foto del herrero que la fabricó. Tanto en el hacha como en el martillo de rajar, las hojas tienen forma de cuña gruesa.

Wetterlings. Esta empresa lleva en funcionamiento desde 1882. Sus hachas destacan por la misma atención artesanal que sus homólogas de Gränsfors. Son herramientas dignas, forjadas a mano, que se aprecian. Su hacha de rajar tiene una hoja larga y delgada de 1,5 kg. El martillo de rajar, con su cabeza de 2,5 kg, muestra una acusada forma de cuña desde 2012. Las hachas forestales de Wetterlings son excelentes. La más pequeña, con una cabeza de 0,85 kg, está pensada para el desrame, mientras que el modelo que tiene una cabeza de 1,4 kg cuenta con todo lo que necesita un hacha de tala y está basado en antiguos diseños americanos.

Fiskars. Las hachas de la multinacional Fiskars poseen un mango sintético, moldeado a la cabeza del hacha, que, a su vez, está cubierta de teflón. Aquí lo que cuenta es la función, e incluso los tradicionalistas aficionados a los mangos de nogal americano o los protectores de cuero curtido suelen reconocer que las hachas Fiskars, con su «alta tecnología», son irritantemente buenas. Las cabezas de los martillos de rajar 25 y X27 pesan 1,8 kg, y los mangos miden 72 cm y 92 cm. Este último es el más largo del mercado, y en manos de una persona experimentada imprime una fuerza de impacto formidable.

El milagro hidráulico

Pese a todas las bondades del hacha, hay que ser o muy ascético o muy romántico para no reconocer las cualidades de uno de los inventos más fabulosos de la actualidad: la astilladora hidráulica. En los últimos años ha habido una demanda masiva de estas máquinas compactas, por la sencilla razón de que dan al menos 4 toneladas de fuerza de empuje controlada con solo pulsar un botón. La infatigable y poderosa presión que ejerce su cuchilla es de lo más efectivo, incluso con maderas duras y obstinadas que no ceden al golpe de un hacha, y la astilladora minimiza el trabajo cuando se trata de leños torcidos o secos. Los modelos más comunes pueden cortar troncos de hasta 37 o 52 cm. La gran diferencia entre las astilladoras, en términos de calidad, se encuentra en la velocidad, sobre todo en el tope de retroceso. Las baratas tienden a ser bastante lentas, mientras que los modelos más caros suelen tener un alcance de trabajo regulable.

Otras herramientas

Para quienes viven en zonas urbanizadas, resulta muy conveniente la **motosierra eléctrica**, si tenemos en cuenta a los vecinos el ruido que genera esta queridísima herramienta. Las motosierras accionadas por carburante pueden emitir 104 decibelios o más, y algunas tienen un tono muy penetrante. La motosierra eléctrica es menos potente que la de gasolina, pero emite considerablemente menos ruido, una especie de zumbido constante. Además arrancará y parará de inmediato —lo ideal para el corte—. Si no vives en el bosque, el ruido de una motosierra de gasolina puede resultar molesto e inquietante. Nada crea más conflictos entre vecinos que el derribo de árboles en las zonas residenciales, un sonido que se confunde fácilmente con el del corte de la leña. En algunas zonas noruegas, la ley estipula que las motosierras de gasolina no deben usarse entre el sábado por la tarde y el lunes por la mañana, de modo que una eléctrica es perfecta para cortar troncos en el jardín.

Otra herramienta práctica es la astilladora manual **Smart-Splitter** de la empresa sueca Agma. Se trata de un hacha deslizante sencilla que se fija al tocón. Se coloca el leño sobre el tajo, luego se levanta un cilindro de golpeo y el hacha cae contra la leña. Permite hender incluso leños largos con un mínimo esfuerzo y sin dañar la espalda, pero por supuesto no es tan poderosa como una

PÁGINAS 84-85. Ole Kristian Kjelling y su mujer, Zofia, con la pila escultural de Rossini.

astilladora hidráulica. El mismo fabricante vende también el **Smart-Holder**, un caballete que permite una buena postura de trabajo mientras se corta con la motosierra. Tiene un cerrojo de péndulo ajustable que mantiene firmes en su sitio los leños de hasta 25 cm de grosor. El precio de las **tronzadoras eléctricas** ha bajado en los últimos años. Son eficientes, pero hay que usarlas con precaución. Aunque los modelos modernos llevan la cuchilla encapsulada para mayor seguridad, cualquier médico de aldea noruego confirmará que esta herramienta conserva el récord de dedos cortados. Las **cuñas de rajar** son un comodín para troncos grandes y pesados, o si hace falta luchar como un valiente contra la leña más obstinada. Existen modelos helicoidales y rectos. Los primeros son mejores por que se enroscan lateralmente hacia dentro sin salirse; los rectos suelen estar diseñados para partir palos y materiales de construcción.

A los más tiquismiquis les irá estupendamente un **patrón de longitud**. Así la pila de leña queda bonita por ambos lados y tiene mayor estabilidad. Con algo de entrenamiento se obtienen leños bastante uniformes al ojo. Otra opción es colocar un patrón de buena longitud a lo largo de los troncos y rayar la corteza en los intervalos deseados. Las plantillas con imán son una alternativa sencilla y funcionan muy bien. Por desgracia, en estos momentos no las produce nadie en serie, pero las puede producir uno mismo fijando un imán fuerte a una barra de rosca, que se pone en la espada de la sierra para hacer marcas de corte repitiendo siempre la misma distancia. Se quita antes de trozar. También es posible colocar una barra detrás de la tuerca que fija la espada a la sierra.

Probablemente, **la sierra de arco** no sea nuestra primera opción a la hora de cortar leña para un invierno entero, pero brinda días bonitos y tranquilos en el bosque, requiere un equipamiento de protección mínimo y ofrece una mezcla de esfuerzo y silencio que agudiza los sentidos. No cuesta casi nada, y proporciona un contacto maravilloso con la madera. Para lo bueno y para lo malo, es un recordatorio del trabajo manual de antaño. Además, conviene tenerla a mano si se engancha la motosierra. A mucha gente le gusta el entrenamiento que ofrece una tala de árboles «analógica» (aunque esta afición suele estar más extendida entre los exmilitares y los profesores de gimnasia), y la sierra de arco ofrece una buena práctica para los «músculos de oficina» de los hombros y la espalda. Entre las mejores marcas encontramos Bahco y G-Man (la G es noruega y proviene de Grorud, en Oslo, donde hubo una fábrica que en su época fue líder en la producción de hojas de sierra y usaba esta abreviatura para los mercados extranjeros). Los tamaños más prácticos para la tala de troncos van de los 60 a los 90 cm. Lo más importante es la hoja en sí, y saber que existen modelos diferentes para la madera seca y la verde. Este último tiene un diente ancho por cada cuatro o cinco dientes de corte, que limpia el corte del serrín mojado y granuloso que traba la sierra. La hoja de la leña verde sirve aunque la leña esté congelada.

Por mucho que lo disfrutemos, el trabajo manual tiene sus limitaciones, y la mayoría de los granjeros y vendedores de leña se sirven de equipos más potentes, ya sea una **astilladora hidráulica** conectada a un tractor o una procesa-

Arnold Flatebø, de Lindesnes, en el sur de Noruega, trabajando con sus pilas circulares. Pese a que ofrece unas ventajas únicas, no se ven con mucha frecuencia. El marco redondo está compuesto de dos semicírculos de acero, unidos con pernos arriba y abajo. El aro de hierro se coloca en vertical sobre dos leños que lo elevan del suelo, y se llena de leña. Luego se abre el aro y se saca. Las pilas circulares pueden guiarse rodando por el suelo o pueden levantarse hasta un remolque con una grúa.

dora de madera semiautomática. Las **procesadoras de madera** cortan y parten la madera a un ritmo notable, y una cinta transportadora y un rodillo de alimentación nos ahorrarán mucho trabajo pesado. Mucha gente seca la leña en sacos grandes sobre palés, y así, una vez seca, es muy fácil transportarla en tractor. Este procedimiento se ha convertido en una bendición para granjeros con un número elevado de casas para calentar. La mayor parte de la leña comercial noruega ha pasado por una astilladora, y esta máquina ha hecho de la producción de leña una industria creciente durante los últimos veinte años.

LOS PIONEROS DE LA MOTOSIERRA

He aquí una marca que ha quedado bien grabada en la historia de la motosierra: la compañía noruega JoBu, acrónimo de los apellidos de sus fundadores, Trygve Johnsen y Gunnar Busk, que se hicieron amigos en la Resistencia durante la Segunda Guerra Mundial. Johnsen tenía un pequeño aserradero, y su amigo Busk era armero (como dato curioso, se trata del mismo tipo que construyó la legendaria mira dióptica Busk, que no tardó en popularizarse entre los tiradores noruegos, ya que cada ajuste cambiaba el punto de impacto justo 1 cm por cada 100 m de distancia del objetivo). En 1946, terminada la guerra, hubo que restaurar el trampolín de salto de esquí de Holmenkollen, y para desmontar la zona de aterrizaje usaron motosierras. Johnsen y Busk pasaron por allí para observar el trabajo y vieron una motosierra británica en uso. Era la típica sierra de su época, un monstruo de más de 30 kg que debían manejar dos hombres. La sierra era impredecible, poco práctica e impopular entre los trabajadores forestales. Mientras bajaban a la ciudad de Oslo, ambos decidieron intentar construir su propia sierra, y en una chatarrería del centro compraron un motor auxiliar de 98 cc para bicicletas. El depósito de gasolina lo hicieron a partir de un hornillo Primus, y el cuadro del prototipo estaba hecho con tubos de radiador. El armero tenía una mente ágil e innovadora, y muchas de sus ideas dieron un verdadero impulso al desarrollo de las motosierras. Entre otras cosas, Busk introdujo la cadena de transmisión directa (sin nexo entre el cigüeñal y la cadena) y el embrague centrífugo para que la cadena no se moviera cuando el motor estaba al ralentí.

Tras un par de años de desarrollo del producto, incluyendo experimentos con motores sobrantes de motocicletas militares plegables diseñadas para ser lanzadas en paracaídas, su primera sierra estaba lista para entrar en producción: la JoBu Senior. Tenía un motor de 125 cc, pesaba 17 kg y proporcionaba 4 caballos de potencia a 4.000 revoluciones. (En la actualidad, una motosierra de trabajo normal y corriente pesa menos de 5 kg y tiene un motor de 50 cc que da 3,5 caballos de potencia a 9-11.000 revoluciones.) En su día, era una de las motosierras más manejables del mundo, pero en la posguerra resultaba difícil conseguir los motores y las piezas, y tanto las autoridades como los subcontratistas eran desconfiados y poco generosos. Los dos amigos hipotecaron todo cuanto tenían, y antes de que la primera motosierra JoBu llegase al mercado tenían una deuda de más de 100.000 euros, cuando mandar una carta estándar costaba unos 0,025 euros. Aun así, tuvieron éxito, y vendieron siete mil unidades de su modelo Senior.

Por extraño que nos parezca hoy, las primeras motosierras se recibieron con suspicacia y la gente se resistía a usarlas. Los fabricantes debían trabajar día y noche para despejar el escepticismo de los trabajadores forestales y los gobiernos reticentes y convencerlos de la importancia de esta nueva tecnología

Jobu Skogsredskaper A/S

DOKKA — TLF. 35

Poco después de la Segunda Guerra Mundial, cuando se probó la necesidad del teléfono en Noruega, se adjudicaron números de teléfono bajos a instituciones de cierta importancia. En la pequeña localidad de Dokka, en la región de Oppland en el centro de Noruega, la fábrica de motosierras JoBu tenía el número 35 de la central telefónica local, lo que refleja su importancia en la comunidad. Arriba, un anuncio de un periódico local de 1976.

para la reconversión y modernización de la silvicultura noruega, además de conseguir un volumen de negocios que les permitiera continuar con el desarrollo del producto.

En los años cincuenta había bastantes tipos peculiares entre los agentes de la industria de la motosierra. La competencia era feroz y el sector atraía a individuos de temperamento fogoso. John Svensson, un personaje legendario conocido como «el Svensson de las Motosierras», importaba sierras de la empresa canadiense Beaver. Durante la Segunda Guerra Mundial lo habían detenido y torturado por colaborar con la Resistencia, y las lesiones le causaron dolores articulares de por vida, pero durante las demostraciones de las sierras Beaver siempre hacía hincapié en cómo la vibración de la motosierra lo aliviaba.

No era un hombre que aceptase un revés profesional sin pelear. En una ocasión se enfadó tanto cuando no le permitieron mostrar su motosierra ante una delegación gubernamental que derribó cinco árboles sobre la carretera y les bloqueó el regreso a casa. Cuando un periódico local le criticó por ello, se presentó de improviso en la redacción, arrancó su motosierra Beaver y cortó el escritorio del director por la mitad. Acto seguido se metió en el coche y se dirigió hacia Oslo, pero tras una hora al volante cambió de idea y dio la vuelta. Su reaparición en las oficinas causó mucho alboroto, pero Svensson volvía para pedir disculpas y pagar un escritorio nuevo.

Al principio, las demostraciones prácticas de las motosierras eran la única forma de marketing que surtía algún efecto. Pero en el sector había cierto aire de Salvaje Oeste y los sabotajes estaban a la orden del día. Durante una presentación en Finlandia, la delegación de JoBu durmió con cuchillos en la mesilla de noche y las sierras escondidas bajo la cama.

Un clima tan competitivo propició el rápido avance de la tecnología. Busk y Johnsen mantuvieron un ritmo puntero, y en retrospectiva el legendario modelo JoBu Junior se considera la primera motosierra unipersonal realmente li-

LA DET NYE ÅR FÅ EN
FRISK START !

Skaff Dem en

JO-BU D94 TIGER

En frisk og rask start er også en av JO-BU TIGERs fordeler — blant mange andre. Snakk med noen av de tusener som allerede har denne sagen! De kan fortelle hvor fantastisk rask og kraftig den er, og hvilke store fordeler man har av Servoclutchen når sagen er under tung belastning. Spesialmotor, spesialkjeder, automatisk kjedesmøring og lav vekt — bare 10,5 kg — er andre fordeler JO-BU TIGER byr på. De vil fort merke hvordan denne direkte-driftssagen gjør arbeidet lettere for Dem!

Og husk: **Ingen service** er som JO-BU service.

Veil. pris **kr. 1.590,—**

JO·BU

JO-BU SALGSKONTOR a/s

HOVEDKONTOR: HOLTEGT. 28, OSLO NV. - SENTRALB. 60 26 90 - BUTIKK OG UTSTILLING: KEYSERS GT. 1 - OSLO - TLF. 33 71 12

gera y práctica. Pesaba más de 10 kg, pero seguía considerándose la mejor motosierra del mundo de su categoría de peso, y la fábrica produjo más de 40.000 unidades.

En las primeras motosierras había que rotar el carburador a mano cuando la sierra se ponía de lado para talar, pero en 1960 apareció la novedad mundial JoBu Tiger, que funcionaba con independencia de la posición de la sierra. De acuerdo con el espíritu utilitario de la primera época de posguerra, las sierras JoBu también se aprovechaban para otros usos, y en el equipamiento extra disponible había entre otras cosas una perforadora de tierra para pajares y una hélice montada en un eje, gracias a la cual la sierra podía servir de motor fueraborda.

El éxito de JoBu fue un verdadero acontecimiento para la industria noruega, y por un tiempo la compañía fue el mayor fabricante de motosierras del mundo. Se mantuvo en primera posición en el mercado noruego durante décadas, y en 1977 aún había 250 puntos de venta en el país. La fábrica estuvo en Oslo antes de trasladarse a Drøbak. Electrolux no tardó en absorberla, tal y como hizo con Jonsered y Husqvarna. En total se fabricaron treinta modelos completamente noruegos de JoBu. Algunas sierras de los años ochenta eran idénticas a las de Jonsered y Husqvarna. El último modelo cien por cien noruego se comercializó en 1980, y la fábrica de Drøbak cerró en 1983. Las motosierras JoBu originales son ahora objetos de coleccionista.

PÁGINA 90. Anuncio en color del nuevo modelo Tiger de JoBu en el número de enero de 1962 de la revista *Skogeieren* (El dueño forestal).

CAPÍTULO 4

EL TAJO

«A la gente le encanta partir leña.
Es una actividad en la que los resultados
se ven de inmediato.»

Frase atribuida a Albert Einstein

El ruido de la motosierra ha cesado y tu espalda comienza a recuperarse poco a poco del esfuerzo de cargar troncos pesados hasta el remolque. Por ahora el trabajo ha sido más que nada una cuestión de árboles grandes y pequeños; motores de dos tiempos, desrame, correas de carga y herramientas pesadas. Pero ahora empieza otra fase interesante. Es ahora, hendiendo y rajando, cuando los troncos se convertirán en leña. El corte y el secado son una pequeña ciencia aparte, y cuando llegue el invierno marcará la diferencia entre leña buena y mala.

———

Mucha gente tiene sus momentos más contemplativos cuando está delante del tajo, cortando leña. Es una buena mezcla entre repetición y variación, y a menudo es el primer trabajo que se hace al aire libre después de un largo invierno. Se desempolvan el hacha o la astilladora y empieza a oírse el gruñir de las sierras de los jubilados, que vuelven a sentirse útiles. El olor a savia y a resina fresca inunda el aire, y por fin llega el momento de citar las palabras de Hans Børli en su libro *Hacha y lira,* sobre el aroma de una pila de leña: es «como si la vida misma pasara, descalza / y con rocío en el pelo», «El aroma de la leña fresca / pervivirá entre tus recuerdos últimos cuando caiga el velo».

Hender la leña con el hacha es, para muchos, la mejor parte del trabajo con la madera. En una fracción de segundo esta se transforma en leña. De un golpe seco, la leña se abre y nos muestra su resplandeciente y aromática superficie cortada.

Además, partir leña a hachazos es uno de los trabajos más primitivos que quedan al alcance del hombre moderno —*primitivo* en tanto que realizamos el trabajo exactamente de la misma manera que los primeros hombres—. No tenemos muchas ocasiones de empuñar una herramienta pesada con todas nuestras fuerzas. La concentración que requiere el golpe, con constancia y precisión, con un objeto de acero forjado despeja las preocupaciones de la vida moderna. El leñador no puede pensar en mucho más en aquel momento, si no quiere acabar con el hacha clavada en un tobillo.

El trabajo permite aprovechar fuerzas —la fuerza bruta— para luchar contra algo. Cuantos leñadores habrán perjurado contra un leño de pino torco y nudoso que les obligaba a sacar lo mejor de sí mismos. Meses más tarde, con una mezcla de autocomplacencia y admiración por la resistencia del árbol, admiran satisfechos cómo se va reduciendo a cenizas en la estufa.

Requiere mucho esfuerzo, sí, pero ¿acaso tuvimos nuestras mejores experiencias en momentos en los que todo resultaba sencillo? De hecho, ¿no es particularmente gratificante para el hombre moderno practicar un trabajo ascético que se ha realizado de la misma manera desde el inicio de los tiempos? Un trabajo manual y medio pesado procura una serenidad que raramente se encuentra en las profesiones de hoy día. En la vida, ya sea en el trabajo o en casa, uno siempre puede ir un poco más allá. Quizá te dé la impresión de que las cosas mejorarán si ese día trabajas hasta las ocho, o si contestas los mails después de que se acuesten los niños. Casi todo luciría mejor si te las ingeniaras para sacar un rato de trabajo durante el fin de semana. Y en la vida privada siempre se puede ser más considerado, pasar más rato con los niños, hablar más de los temas que por alguna razón se evitan...

El trabajo físico da otro tipo de serenidad. Cuando la leña está partida, está partida. No hay que cambiarla o mejorarla. Las frustraciones diarias entran en la leña y más tarde en la estufa. Una de las cualidades más maravillosas de la madera es que se acabará quemando. Nunca la estudiará un comité, nadie la comparará con un leño de la competencia. En algún momento del invierno, los leños que quedaron mal cortados o que partiste con mano torpe arderán en la hoguera y darán idéntico calor que los perfectos, y además, ¿no resulta pero que muy gratificante quemar esa raíz de pino particularmente odiosa?

Anne-Berit Tuft, una curtida líder sindicalista de Oslo, cuenta que, durante una época en que su empresa se vio involucrada en negociaciones de

PÁGINA 92. Un tajo de poca altura dará velocidad y un buen impacto al golpe. Aquí, un tajo de tan solo 30 cm con un hacha de Øyo.

PÁGINA 94. Pila redonda de pino, apilada por Ruben Knutsen, de Hamar.

PÁGINA 95. La mayor parte de las especies de madera son más fáciles de rajar cuando están verdes; esto es especialmente importante con los leños gruesos. Aquí, un roble que ha crecido cerca del Somme, escenario francés de la célebre batalla de la Primera Guerra Mundial, se corta para leña.

recortes de personal, en un arranque de disgusto y tristeza se marchó a su cabaña con un único objetivo en mente: cortar leña. Incluso los leños más torcidos y reticentes tuvieron que rendirse ante el fastidio que llevaba acumulado en aquel momento. Pocos días después, todo estaba partido y apilado, y Tuft volvió a la capital con las pilas renovadas y dispuesta a ponerse manos a la obra.

La «edad de la leña»

En los países nórdicos, no es raro que a los aficionados a la leña alguna vez se les diga que han llegado a la «edad de la leña», o han contraído la «enfermedad de la leña». Son calificativos para personas que con frecuencia han dejado atrás los sesenta y pasan todo su tiempo libre cortando leña. Por lo visto no se detienen hasta que mueren, o bien hasta que la propiedad y el garaje están llenos a rebosar. En Noruega existen pocos estudios antropológicos sobre el corte de leña entre particulares, pero una investigación que llevó a cabo la Universidad de Ciencias Agrícolas de Suecia en 2007 confirma que la «edad de la leña» es un estado perfectamente mensurable. Tras recolectar datos de unas 900 familias en el campo —el criterio era que tuviesen una estufa de leña—, los resultados no dejaban lugar a dudas: los que más tiempo le dedican a la leña son hombres mayores de sesenta años; solo el 29% de las mujeres se interesa por ella, y en tales casos la edad media es algo inferior a la de los hombres. La mayor parte del esfuerzo de las mujeres se invierte en el apilado.

Los métodos de trabajo resultaron idénticos al margen de la edad —el aficionado medio cortaba con motosierra y partía con una astilladora hidráulica, aunque el 10% seguía usando la sierra manual y el 21% cortaba con hacha—. Las herramientas empleadas tenían, de media, trece años, y las hachas más de quince. Otra respuesta que dejó estupefactos a los investigadores: más de un tercio de las 900 personas que participaron en el estudio no cambiaría sus herramientas aunque les ofreciesen piezas nuevas y mejores sin costes.

Una de las principales conclusiones de este estudio afirmaba que el trabajo con leña manifiesta la voluntad de sustento de la gente. Los hombres jóvenes que aún no tenían familia apenas mostraban interés por la leña, pero al llegar a los treinta o cuarenta años empezaban a cortar cada vez más leña, y una vez que empezaban no se rendían hasta pasados los setenta. La culminación llegaba alrededor de la edad de jubilación. A esa edad los hombres dedicaban, de media, casi cien horas anuales a actividades relacionadas con la leña. La conclusión parece evidente: los pensionistas no solo tienen más tiempo libre, sino que también necesitan un contexto en el que puedan realizar un trabajo útil.

El trabajo con la leña puede convertirse en una bendición cuando la capacidad para trabajos más complejos empieza a declinar. «La leña salvó a mi padre cuando empezó a volverse senil», así arranca la siguiente historia de la zona de Kongsvinger, en Hedmark, cerca de la frontera con Suecia. El anciano de la casa tenía cada vez menos noción del mundo que le rodeaba, pero insistía en seguir preparando la leña para la estufa. La familia tenía miedo de que se hiciera daño con la motosierra y la dejó en la finca vecina como medida de seguridad. Cada mañana, después del desayuno, el anciano entraba en la cocina y se lamentaba porque no encontraba la motosierra. Y cada mañana su familia contestaba que la habían enviado a reparar a Kongsvinger y que pronto estaría lista. «Bueno —contestaba él—, supongo que hoy tendré que apañarme con la sierra de arco. No importa, también me vale.» Y entonces salía y se ponía a trabajar, lento pero seguro. Y esperemos que, pese a estar aislado del resto, experimentase lo que Børli calificó de «silenciosa alegría» en su libro *Hacha y lira*:

> Si dominas el arte de colocar bien las herramientas, es un placer ver cómo el acero se abre paso por los troncos con sus dientes afilados. El aroma a resina y a leña recién cortada, o la vista de la superficie lisa y limpia que deja una hoja de hacha recién afilada, son cosas que pueden llenar a un hombre de una silenciosa alegría y ponerlo en contacto con la felicidad inherente del trabajo físico: sentir la existencia como un peso vivo entre las manos.

El tajo

El tajo es el monumento personal del leñador. Cuantos más cortes y hendiduras tenga, con más orgullo se alza en el jardín. Por muy romo y sencillo que parezca, es importante que tenga un tamaño correcto. Es el compañero del hacha, y ningún hacha puede rendir al máximo si el tajo es inestable o no tiene las medidas adecuadas.

Lo principal es que el tajo sea ancho, para que esté firmemente plantado en el suelo y no rebote, lo que roba energía al hacha. Lo ideal es tener el tajo en un suelo de piedra, o en todo caso en una superficie dura.

Su altura es sorprendentemente significativa. Los leñadores noruegos tienden a usar tajos altos para proteger la espalda, y cualquier intento de iniciar una discusión al respecto suele revelar que las dimensiones del tajo se perciben como un asunto privado. Pero esta tradición no tiene por qué ser la ideal. Si el tajo es demasiado alto el hacha no tendrá tiempo de alcanzar mucha velocidad antes del impacto. Un golpe alto «a las dos» de la trayectoria del hacha será mucho más débil que un golpe «a las cuatro», ya que, como sabemos, si se duplica la velocidad se cuadruplica la fuerza del impacto. El hacha penetra mejor cuando el filo golpea la madera en un ángulo más o menos recto, y por eso la altura del tajo debe ser proporcional no solo a la longitud de la leña, sino también a la del mango del hacha y a la altura del leñador. Aquí sería tentador proponer una fórmula, pero por lo general los fabricantes de hachas recomiendan que para leña de 30-40 cm el tajo no exceda la altura de la rodilla, y merece la pena intentarlo con uno aún más bajo.

Colocar un neumático o dos alrededor del tajo te puede ahorrar mucho esfuerzo y dolor de espalda. Así no tienes que estar constantemente agachándote para recoger los leños que se caen del tajo. También facilita el rajado de los leños largos o pequeños. Las cadenas y las correas son buenas alternativas cuando se trabaja con leños más grandes.

El tipo de madera tiene menos importancia, aunque la leña dura y retorcida no suele rajarse tan fácilmente, lo que hace del olmo una opción popular. Lo que sí importa es que las partes de arriba y abajo del leño se hayan cortado niveladas y en perpendicular. Es posible hacer buenas pilas a partir de árboles grandes talados a máquina, sobre todo si logras convencer al operador de que te consiga una pieza ancha, cortada cerca de la raíz. Y ¿qué hacemos con los troncos que llegan torcidos porque las condiciones de corte en el bosque no eran idóneas? Los leñadores que disfrutan del trabajo suelen tener un segundo tajo para solucionar el problema, en el que la superficie superior está cortada con un poco de inclinación, para poner los leños angulosos en pendiente y evitar que se caigan. Es un truco ingenioso que despertará tu sonrisa año tras año.

Hay quien mete clavos en el tajo y lima las cabezas para que queden picos de 1 cm entre los que se engancha la madera, para que no se caiga. Y para un verdadero entusiasta, también vale tratar con pintura plástica o brea la parte inferior del tajo, para evitar que se pudra desde abajo, lo que ablandará la madera y le restará energía al golpe.

Pero el más astuto de todos los trucos es sencillo y gratuito: pon un neumático de coche sobre el tajo. Mejora considerablemente las condiciones de trabajo, ya que el neumático mantiene los leños en su sitio y no hay que levantarlos para volver a golpearlos. El neumático también se puede llenar de leños delgados, que en otras condiciones volcarían. Si damos la vuelta al tajo mientras partimos, al final obtenemos un buen lote de leña que basta con coger en brazos, levantar y cargar hasta la pila. El método del neumático también permite picar leños delgados para el encendido, que, aunque parezcan poco importantes en el momento, será justo lo que necesites cuando lleguen las frías mañanas de invierno. Para los leños realmente grandes se puede sustituir el neumático por una cinta elástica.

Técnicas de hendido

La diferencia entre hender leña verde con buenas herramientas y... bueno, y prácticamente todo lo demás es formidable. Cuanto más seca esté la madera, más adheridas estarán las fibras unas a otras. Las membranas celulares también están más blandas cuando están mojadas.

Es importante hender la leña, porque la corteza encierra el líquido como si fuera la piel de una naranja. El hendido acelerará enormemente el proceso de secado.

Lo que no debes hacer es cortar árboles enormes y dejarlos en el jardín durante el verano para partirlos «más tarde», «cuando tenga tiempo» o «cuando pueda pillar a alguien que me eche una mano». La leña se irá endureciendo cada día que pase. Como resultado: leños carcomidos y podridos, una bronca en casa y un vergonzoso paseo con el volquete hasta el basurero cuatro años más tarde.

Una sesión de trabajo eficiente y segura con el hacha suele caracterizarse por un ritmo constante de trabajo. Alejas a los niños y al perro y te armas de botas y gafas protectoras. La mejor postura se obtiene plantándose con las piernas separadas delante del tajo y posando el filo del hacha sobre el mismo para medir la distancia correcta. El hacha se eleva, pero no tanto como para que los codos queden estirados o vacilando detrás de la cabeza o de la nuca.

Si allá donde vives las temperaturas invernales suelen caer por debajo de cero, puedes sacar partido del frío y la humedad. Un truco antiguo de los leñadores noruegos para finales del invierno consistía en cortar los troncos y echarles nieve alrededor de cada extremo. Al día siguiente el sol derrite la nieve y la madera la absorbe. Por la noche la humedad se congela, y a la madrugada siguiente acostumbra a rajarse al primer golpe de hacha.

Las ramas y la madera torcida serán siempre un problema, y a menudo es necesario usar un martillo de rajar o una cuña helicoidal para partirlos. La madera difícil de hender puede cortarse en piezas cortas, porque, conforme dicta la regla, al duplicar la longitud de la leña se requiere cuadruplicar la profundidad de penetración para que el leño se agriete. Hay que cortar los troncos de tal manera que se eviten los nudos tanto arriba como abajo. Si la leña es muy resistente, lo más sencillo, rápido y seguro será la astilladora hidráulica.

Cuando se trabaja con el hacha, la velocidad, el ritmo y la precisión son mucho más importantes que la fuerza, y los buenos leñadores suelen tirar un tanto del hacha hacia abajo y hacia dentro en la última fase, para ganar un poco de velocidad. Algunos dejan que la mano delantera se deslice por el mango durante el golpe. De cualquier modo, es importante flexionar las rodillas y seguir el golpe con el cuerpo hasta el final. Así aumenta la fuerza, y si el golpe sale mal, se reduce el riesgo de que el hacha, descontrolada, impacte en pies o tobillos. Hender la leña con el hacha es también una cuestión de actitud mental. El golpe debe tener ante todo velocidad, y no es raro que una vez que has decidido que el leño se abrirá tal cosa suceda, porque golpeas con precisión y determinación. Piensa en ti mismo como un maestro de kárate capaz de partir un ladrillo con la mano desnuda. En esa técnica, conocida como *tameshiwari,* no hay que enfocar la vista en la parte superior del ladrillo, sino justo debajo, pues se ha de descargar el golpe como si el ladrillo no estuviera allí. Es una de las grandes liberaciones del corte de leña: no hay indecisión, no hay dudas, sino golpes.

Es importante «leer» el árbol para ver por dónde hay que golpearlo, dado que la madera suele tener ejes por los que parte de manera natural. En primavera, estos pueden manifestarse como finas grietas que surgen un par de días después del corte. A menudo la leña es más fácil de partir desde arriba, es decir, cuando el leño está en el tajo en la misma posición en la que el árbol crecía en el bosque. Cuantos menos anillos de crecimiento atraviese el filo del hacha, mejor: un hachazo inclinado irá en contra de la dirección natural de las fibras. El hacha debe caer entre dos nudos, o justo en medio de uno. Si el primer golpe no raja la madera, prueba en otro sitio o dale la vuelta al leño. Rara vez merece la pena asestarle un golpe brutal al centro de un tronco grande, ya que el hacha se quedará enganchada con savia espumosa alrededor del acero. Es mejor partir por los bordes e ir quitando segmentos semicirculares del borde del tronco. Si hay que volver a hender un leño que ya se ha partido por la mitad, la corteza debe estar dirigida hacia el leñador, porque así la arrancará el mango del hacha y no quedarán las dos piezas enganchadas por la corteza.

No es obligatorio partir la leña en posición vertical. Los antiguos trabajadores forestales eran expertos en cortarla tumbada, a golpes de hacha contra la corteza. De hecho, este era el método dominante para partir leña desde tiempos muy remotos. La causa es sorprendentemente sencilla: antes de que se inventara la sierra, la madera se talaba con el hacha, y los extremos de los troncos eran puntiagudos y no se podían poner en vertical sobre un tajo. Además, con el hacha hacen falta más golpes para atravesar las fibras de un tronco pesado que para abrirlo en sentido longitudinal, así que era más racional hender los troncos en piezas largas, picarlas en astillas delgadas y luego cortarlas en la longitud deseada. Una manera de conseguirlo es trabajar sobre un tronco grueso, tumbado, como base. Los troncos que se vayan a cortar se ponen en perpendicular sobre él, con un extremo en el tronco tumbado y el otro en el suelo, con frecuencia en filas de cinco o seis troncos paralelos. El leñador se coloca detrás del tronco que está en el suelo y, con un hacha afilada, preferiblemente de hoja delgada y filo curvo, se les da un golpe seco a los troncos cerca del extremo, siempre entre los nudos. Si hace falta, se repite el golpe a lo largo de la grieta hasta que el tronco se divide en dos. Entonces se da un paso para partir el siguiente tronco. Conviene estar en una pendiente para tener un buen ángulo de trabajo.

El método aparece en dibujos del siglo XIV, y hasta los años cincuenta era común entre los trabajadores forestales noruegos. Ahora se ha olvidado casi por completo, pero puede ser útil, sobre todo para quienes tienen poco sitio para hender y secar la leña. En este caso se puede trabajar con leña dos veces más larga, porque las piezas de 60-80 cm son más fáciles de transportar del bosque a la casa. Allí, el único paso necesario será cortarla por la mitad y apilarla en un lugar seco.

La logística de la leña

En 1920, Henry Royce, la mitad ingeniera de Rolls-Royce, apuntó que «cada vez que un material pasa de una mano a otra, algo se añade a su coste, pero no necesariamente a su valor», y esa observación bien puede aplicarse a la madera. Hay que reconocerlo: la madera pesa mucho. Un pequeño cálculo revela lo pesado que resulta cortar leña. Es verdad que el peso subjetivo de un kilo de leña es menos de un kilo, de la misma manera que un kilo de plata (probablemente) pesa menos que un kilo de basura. Pero lo cierto es que el placer de tratar y transportar personalmente tu fuente de energía tiene su precio.

Si se reduce a un mínimo práctico, la leña hay que levantarla por lo menos seis veces: se arrastran los troncos hasta el remolque; se levantan al caballete o a la trozadora; se llevan al sitio en el que se van a hender; luego sigue el proceso de apilado; una vez seca, se mueven los leños desde la pila hasta la cesta de la leña, y de ahí, a la estufa. 1 m³ de abedul recién talado y apilado (calculado sin aire en la pila) pesa unos 1.000 kg cuando está verde y 500 kg en estado seco. Así que por cada metro cúbico se habrán levantado 4,5 toneladas. Desde que el árbol está en el bosque hasta que se saca la ceniza del horno, un leñador con un consumo anual de 6 m³ (seguimos calculando sin aire en la pila) habrá levantado por lo menos 27 toneladas. ¡Es un trabajo duro!

Por eso es importante racionalizar los métodos para cada paso y levantar la leña el menor número de veces posible. Lo más eficiente es cortar y partir la leña en el mismo lugar en el que cayó el árbol, pero con frecuencia no es posible. Si el terreno tiene pendiente, aprovecha para que los troncos rueden o caigan hasta el siguiente lugar de trabajo. Si los leños caen directamente de la trozadora a un volquete, nos ahorramos levantarlos una vez. Un buen truco para las pilas largas es trozar la leña de tal manera que los leños caigan en una fila alargada, y luego ir moviendo el tajo conforme vas rajando y apilando.

Según un viejo dicho, la leña secará bien si hay espacio suficiente para que un ratón corra entre los leños de la pila. Esta es obra de Liv Kristin Brenden, de Brumunddal.

En muchos casos, el lugar de secado más práctico se encuentra a cierta distancia de la casa. Si por cualquier razón no puedes guardar la leña en una leñera, puedes solucionar el problema transportando el consumo de un día o dos de la pila a un lugar cercano a tu casa, un sitio abrigado y con un pequeño tajo y un hacha pequeña para hacer leña de encendido. Un volquete o un trineo con una caja montada hecha a la medida de la leña también son de ayuda. Otra solución estupenda y muy sencilla es el bolso para leña, que no es ni más ni menos que una bolsa muy resistente de 30-40 litros. De ese modo, no pasa nada si hay que caminar un poco hasta la pila, siempre y cuando la leña se pueda buscar cada dos días y con buena luz.

Mientras haces estas tareas necesitarás las dos manos, así que los pequeños detalles como una puerta con resorte y luces exteriores con sensor de movimiento lo harán todo más fácil y proporcionarán una maravillosa sensación de control.

ELGÅ: LA LEÑERA
EN EL VIENTO DEL SUR

Cerca del Femunden, uno de los lagos más grandes de Noruega, se encuentra Elgå, un pueblo pequeño cuyos habitantes han estado desde siempre en contacto con las fuerzas de la naturaleza. Hasta 1956 no había forma de llegar por carretera, y las cincuenta personas que viven actualmente allí disfrutan de duras condiciones climáticas, frío intenso y un entorno natural maravilloso. La calefacción de las viviendas está provista de una gama completa de estufas de leña. En medio del pueblo se encuentra la bien gestionada tienda de Peder Røsten e Hijos, que vende carburante de un surtidor de gasolina descolorido con contador mecánico.

No lejos de la tienda hay una casa pequeña pero bien cuidada, con una leñera igual de bonita fuera. Aquí vive Ole Haugen, nacido en 1926. Es un verdadero entusiasta de la leña, y toda la calefacción de la casa procede de la que él mismo corta.

Mientras me sirve café, admite: «Cuando hace bastante frío enciendo un pequeño calentador eléctrico en el baño. Y cuando toca una noche fría de verdad, alguna vez he hecho trampa y he usado algo de electricidad en la cocina».

En todo caso, ese «frío de verdad» no significa lo mismo para Ole que para la gran mayoría: «Aquí en Elgå no hace un frío exagerado. Normalmente no baja más allá de los 20 °C bajo cero. De vez en cuando, 30. Pero recuerdo que una noche de invierno hace muchos años fuimos a ver un espectáculo en Tufsingdalen, al otro lado del lago, y cuando volvimos estábamos a 43 °C bajo cero».

Ole ha sido carpintero y leñador toda su vida, y siempre ha cortado su propia leña. En su infancia, la costumbre era echar leña de pino seco a la estufa, que se talaba con *svans* (una sierra grande que se manejaba entre dos hombres) y se arrastraba hasta el pueblo con un caballo. Era un trabajo pesado y extenuante.

«Para nosotros, la motosierra fue una revolución —cuenta Ole—. Las primeras sierras pesaban hasta 20 kg y a mucha gente no le gustaban, pero aun así trabajar con ellas era una bendición.»

Con el tiempo, dice, los silvicultores desarrollaron una relación más estrecha con las herramientas de trabajo. Elgå y las zonas de alrededor se fueron convirtiendo en típicos pueblos de Husqvarna, y apenas usaban Stihl. Hacia finales de su vida laboral, Ole se pasó a Jonsered, y sus dos últimas sierras —que ahora se encuentran en su caseta de trabajo y presentan los hermosos signos del uso— son Jonsered 590 y 2051.

Ole solía buscar toda su leña en un bosque de abedul que crecía en lo alto de una colina cercana. Debido al terreno accidentado y la distancia, solía secarla en rollo. El método consiste en talar los árboles justo cuando las hojas empiezan a brotar, luego se dejan sin desramar. Las hojas seguirán creciendo y rápida-

Ole es un hombre de Jonsered. Guarda sus muy fiables motosierras 590 y 2051 afiladas y listas para la acción.

mente absorberán la humedad del árbol, que al cabo de unas semanas se puede desramar y trozar como de costumbre. El método es estupendo para zonas en las que hay que arrastrar los troncos muy lejos, ya que se vuelven mucho más ligeros.

«En primavera subía con frecuencia al bosque para ver si brotaban las hojas. La norma decía que había que talar los árboles cuando los brotes tenían el tamaño de una oreja de ratón. Aquí arriba eso solía pasar a finales de junio. En ese instante era esencial no perder el tiempo, porque por esas fechas la savia sube rápidamente, y cuando las hojas brotan de verdad, hay mucha humedad en el árbol.»

Una vez talados los árboles, la planificación del resto de las etapas no es tan crítico. Si se tarda un poco en trozar y hender la madera y ponerla a secar no hay peligro, y por eso el secado en rollo también es más fácil de combinar con otras tareas.

«Pero si el bosque se encuentra un poco más cerca, y se tiene tiempo en primavera —me contó Ole—, creo que lo mejor es la tala tradicional a finales del invierno. La leña será más manejable, y permite aprovechar lo que llamamos los meses de secado, que son abril, mayo y junio.»

A lo largo de muchos años, Ole ha comprobado la importancia de colocar la pila de tal manera que el viento entre desde el ángulo adecuado.

El cobertizo de secado tiene paredes separadoras y, en la práctica, cuatro compartimentos. La pared delantera está hecha de puertas, y la pared trasera se puede desenganchar, lo que permite el acceso desde ambos lados. El diseño asegura una buena circulación del aire y leña adecuadamente seca, además de facilitar el acceso a los leños.

«El viento soplando por la pila es lo que da leña realmente seca. El calor es importante, pero la leña verde debe quedarse a la intemperie. ¡Cuanto más, mejor!»

Igual que muchos entusiastas de la leña, a Ole le gusta experimentar y entender todos los factores que afectan a la madera. A través de los años ha probado diferentes leñeras, y ahora que ha superado los ochenta tiene una construcción con la que dice estar contento.

Ha construido una leñera larga y estrecha, en la que las paredes traseras se pueden desenganchar. Las puertas delanteras cubren toda la anchura de la leñera, y con las puertas abiertas el viento sopla a través de todo el almacén. La leñera está orientada de tal manera que el viento del sur impacta en la pared trasera abierta. Por dentro, los leños están apilados de tal forma que el viento sopla a lo largo de ellos. El tejado es de hierro ondulado oscuro, un material que acumula el calor y acelera el secado. Como la pared trasera es extraíble, es posible apilar la leña tanto desde delante como desde atrás. Cuando se aproxima el invierno, se cierran las puertas y la pared trasera se vuelve a colocar para que no entre la nieve. De esta manera el espacio se aprovecha al máximo, y al mismo tiempo la leña es fácil de sacar. Y, por supuesto, la leñera está equipada de un compartimento de reserva, un almacén fijo para los inviernos extrafríos.

«En este pueblo nadie deja la leña en montones. Casi todo el mundo hace su propia leña, y casi todo el mundo la apila. Algunas máquinas de madera modernas ponen la leña en sacos grandes sobre palés, pero digamos que eso no cuenta. Funciona, pero no es trabajo artesanal.»

Ole es el tipo de hombre que prefiere alabar el trabajo de los demás antes que presumir del suyo. Sus pilas, dice, son simplemente construcciones prácticas que cumplen su función. Pero setenta años de experiencia hablan por sí mismos. Los extremos de sus pilas constituyen una superficie tan lisa que se diría que toda ella fuera obra de una gigantesca sierra circular. Ni un solo leño está de través. Incluso las piezas torcidas encuentran su sitio, sin comprometer la estabilidad del conjunto.

«Mi método de trabajo es muy sencillo. Corto, hiendo y apilo en pequeñas cantidades. Así no me duelen los músculos y la leña no se queda mucho tiempo en el suelo. El secreto para que la pila quede lisa es aprender a ver qué tamaños hacen falta para conseguir una construcción estable. Es más fácil localizar y cortar las piezas cuando se hace poco a poco, en vez de intentar hacer el trabajo de una sentada. Además, tengo en consideración que la leña encoge un poco al secar y, al dejar que la pila se incline ligeramente hacia dentro y hacia algo sólido, evito que se derrumbe hacia delante.»

Con el paso del tiempo, Ole ha tenido que ajustar sus métodos de trabajo. Cuando empezó a sentirse demasiado mayor para la motosierra, comenzó a pedir que le entregasen las cargas de leña a domicilio. Pero cortaba, hendía y apilaba él mismo. Más tarde, tras una estancia en el hospital, un médico le anunció específicamente que se acababa lo de cortar leña, ya que la fuerza del impacto del hacha en la madera se propagaba de la empuñadura a los brazos y de ahí al cráneo. «Ha llegado la hora de aparcar el hacha», le dijo el médico.

Pero Ole sabía qué hacer. Al poco de volver a casa se compró una astilladora hidráulica.

—

CAPÍTULO 5

LA PILA

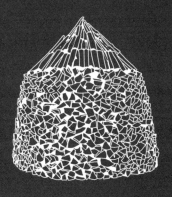

«Llevaba tiempo, pero les daba igual
mientras quedase como habían imaginado.»

Palabras del sami Nilas Tuolja sobre los samis ancianos que ya
solo se dedicaban a apilar abeto seco

La pila de leña nunca te gastará una broma. No pierde valor en la Bolsa. No se oxida. No te pedirá el divorcio. Se limita a estar ahí, y siempre hace lo mismo: aguarda el invierno. Es una cuenta de capital que te recuerda el trabajo invertido. Cuando lleguen las gélidas mañanas de enero, los leños te harán evocar esos días de primavera en que cortaste, partiste y apilaste la leña, y te cubriste la espalda para el invierno. Recordarás aquel bulto retorcido que no cedía ante el hacha. Verás el leño que metiste atravesado y que derrumbó la pila entera. Vaya, otra vez tú... Pero ha llegado el invierno y te vas a las llamas.

———

Ahora que nos adentramos en el mundo de las pilas de leña, sería un descuido no recurrir de nuevo a Thoreau. Su mantra era: «Afectar a la calidad del día: esa es la mayor de las artes», pero sus palabras más famosas relacionadas con la leña son estas: «Todos los hombres miran con afecto su pila de leña. A mí me gustaba tener la mía ante mi ventana, y cuantas más astillas [alrededor de la pila] me recordaran mi grata tarea, mejor».

He ahí el majestuoso resultado de tan duro esfuerzo. La vista de la pila equivale a tener la seguridad ante los ojos. A mucha gente le gusta apilar los leños en un lugar visible desde la ventana de la cocina. Así, el panorama se extiende tanto hacia el pasado como hacia el futuro. Como estratos geológicos de la ladera de un monte, la pila es un recordatorio del trabajo que hiciste el año anterior. Los colores de las especies poco comunes sobresaldrán, la madera sin hender de árboles pequeños dibujará pequeños círculos que contrastarán con los leños rajados, que a su vez testifican la precisión de los hachazos. Porque el leño también es un bloque de construcción, y al margen de lo elaborada que sea la pila, siempre llevará la huella de quien la cortó y la diseñó.

Una pila puede ser un placer para los ojos, pero ante todo cumple el práctico propósito de secar la leña y mantenerla tan seca como sea posible, porque durante el apilado queda determinada la calidad final de la madera, tanto en términos de humedad como de apariencia. De ahí que mucha gente prepare la leña en dos etapas: primero se seca al aire libre, y luego, en otoño, se traslada a la leñera.

La leña será mejor, es decir, estará más seca y menos expuesta a los ataques de hongos, si se seca rápidamente. La mejor forma de conseguirlo es exponiendo al máximo su superficie al viento y al sol; lo más adecuado es ubicar la pila de forma que el viento corra a través de ella desde todos los ángulos y al mismo tiempo esté protegida de la lluvia. Lo que no funciona de ninguna de las maneras es dejar los leños en el suelo y cruzar los dedos para que haga buen tiempo. Compáralo con secar la ropa: nadie dejaría la colada en el suelo en un montón compacto. Si hay que elegir entre colocar la pila en un lugar soleado o un lugar con mucho viento, opta siempre por el viento.

Un buen lugar para emplazar la pila es el sitio en el que se encuentra el tendedero. Un concepto ingenioso para reaprovechar la energía y hacer un secadero artificial consiste en situar la leña cerca de la unidad exterior de una bomba de calor o de una instalación de aire acondicionado, de tal manera que el ventilador esté constantemente soplando hacia la leña.

Corren muchos rumores sobre pilas tan compactas que apenas cabe un papel de fumar entre los leños, pero eso solo es recomendable si la leña ya está seca. Lo ideal para el secado es, por el contrario, que la pila quede tan porosa como sea posible, sin que se derrumbe. Nuestros mayores tenían una regla: la leña verde había que apilarla tan suelta que un ratón pudiera correr a través de los agujeros de la pila, pero sin dejar huecos tan grandes como para que el gato lo siguiera. Si el viento y el sol pueden hacer su trabajo, secará rápidamente. A finales del verano puedes moverla a una leñera que le proporcione refugio frente a la nieve y la lluvia, y ahí sí puedes apilarla tan prieta como quieras.

PÁGINA 110. Una pila cuadrada baja es ideal para la leña corta.

PÁGINA 112. En el monasterio estonio de Kuremäe, las monjas hacen estas pilas redondas de 2 m de altura. La clave para la estabilidad de la construcción es, como siempre que vemos una pila alta e imponente, el uso de leños largos. Los de la fotografía miden unos 80 cm.

PÁGINA 113. Erling Gjøstøl, de Ådalsbruk (Noruega), con el resultado de su trabajo primaveral. Ha hecho una pila en forma de V levantada (que se ve al fondo), una técnica también habitual entre los samis del norte de Noruega.

Para que no esté en contacto con la humedad del suelo, conviene poner la leña sobre palés o postes de madera colocados en paralelo. También hace falta protección contra la lluvia. Las chapas de hierro ondulado son perfectas, ya que acumulan calor que acelera el secado y se pueden colocar de modo que entre aire por la parte superior de la pila. En los pueblos noruegos se acostumbra a poner viejas chapas onduladas sobre pilas alargadas; después se oprime con neumáticos desguazados. El plástico y la lona pueden servir de tejado por un tiempo, son adecuados para leña en sacos grandes sobre palés, pero nunca quedará tan ventilada como con un tejado rígido. Bajo ninguna circunstancia debe embalarse la madera, porque el aire puede volverse tan húmedo que el moho y los hongos atacarán la leña de inmediato y no secará. Muchos entusiastas optan por dejar la leña sin cubrir en primavera, ya que la cantidad de humedad que debe salir es mayor que la que entrará tras unos pocos chaparrones. Normalmente se pone una cubierta en junio. De hecho, hay quien expone los leños ya rajados al agua durante un año entero, sobre todo si son largas piezas de roble. Esto se debe a que el roble se contrae por los extremos, lo que impide que salga la humedad que hay en el interior del leño. Si se mantienen húmedos, los extremos se hincharán un poco, dejando abierto un conducto por el que se puede transportar la humedad desde dentro.

Las leyes básicas del apilado poroso y el lugar ventilado no son un impedimento para la estética de la leña. Y será una estética funcional, ya que una pila astutamente diseñada de leña verde se irá convirtiendo, a lo largo del verano, en leña seca, dura, sin manchas y de buena calidad. También resistirá las embestidas del viento. El apilado correcto requiere esmero e imaginación. Eso sí, hay muchos riesgos: las buenas ideas artísticas pueden ser caprichosas, los leños torcidos reducen la estabilidad, y hay que tener en cuenta la contracción de la madera. Desde que está verde hasta que se seca del todo, el volumen disminuye entre un 7 y un 20% (la cifra exacta depende de la especie). Las pilas deben poder bajar de manera constante, sin chocar con nada durante el descenso, si no pueden colapsar y derrumbarse a lo largo de la primavera. Las sospechas de sabotaje por parte del vecino suelen ser infundadas. La explicación más probable es que la tierra congelada se haya derretido, moviendo los palés o los postes y desparramando la leña por el suelo. Cuanto más semejantes sean las longitudes de los leños, más estable será la construcción.

Hace dos mil años el poeta Ovidio escribió que había que «orientar el lado más favorable hacia el amante». Esto es del todo aplicable al apilado de leña. Si es de longitud irregular, orienta siempre el corte más bonito hacia fuera, y golpéalo más tarde para que toda la superficie quede al mismo nivel. Incluso las pilas más sencillas pueden tener mucho arte si nos servimos de las formas y los colores de manera consciente. Es posible crear imágenes y diseños acumulando leños a medio partir en un lugar, o dejando palos finos y redondos a la misma altura para que dibujen una raya en la pila, o aprovechando las diferentes tonalidades de las especies de madera.

El apilado pone a prueba nuestras habilidades tanto estéticas como prácticas, y a finales del siglo XIX, en Maine, una zona de Estados Unidos densamente arbolada, se recomendaba a las muchachas casaderas que considerasen a sus pretendientes en función del modo en que apilaban la leña. En Noruega y en Suecia también es una creencia extendida que la pila de leña revela mucho sobre la personalidad de quien la erige. Para los lectores en edad casadera, puede ser de utilidad la siguiente lista:

Pila recta y firme: hombre recto y firme.
Pila baja: hombre cauteloso, posiblemente tímido o débil.
Pila alta: grandes ambiciones, pero ojo si flaquea y se viene abajo.
Forma insólita: espíritu libre y abierto. Ojo otra vez con las construcciones débiles.
Pila ostentosa, muy llamativa: extrovertido, pero posiblemente vaya de farol.
Mucha leña: hombre previsor, leal.
Poca leña: hombre que vive al día.
Leños de árboles grandes: tiene apetito por la vida, pero puede despilfarrar y ser temerario.
Pila purista: perfeccionista, posiblemente introvertido.
Pila derrumbada: poca fuerza de voluntad, incapacidad para establecer prioridades.
Pila a medio hacer, leños en el suelo: inestable, perezoso, dado a las borracheras.
Todo depositado en un montón en el suelo: ignorancia, decadencia, pereza, alcoholismo o todo a la vez.
Leña nueva y vieja en la misma pila: desconfía, quizá la haya robado y mezclado con leña propia.
Leños grandes y pequeños mezclados: frugal. Introducir leña de encendido entre los leños grandes para el fuego apunta a una persona considerada.
Leños grandes y torcidos de madera dura y resistente: perseverante y con fuerza de voluntad o, por el contrario, hundido por las preocupaciones.
No hay pila: no hay marido.

Los pequeños trucos del apilado

El primer mandamiento es encontrar una técnica de apilado apropiada para la leña. La leña retorcida se guarda mejor en pilas bajas, canastas de secado o en medio de las pilas redondas, pero solo la imaginación pone límites para los leños rectos. Cuanto más largos, más fáciles serán de apilar. Por desgracia, la leña corta de menos de 25 cm se derrumba con facilidad, y debe guardarse junto a una pared o en pilas bajas. Si la estufa lo permite, la leña de 30-40 cm es mucho más fácil de convertir en una pila sin soporte. La leña de 60 cm da lugar a construcciones muy estables, casi al margen de la altura, la forma o las condiciones de viento.

El artista Nils Aas (1933-2004) hizo, hace algún tiempo, una serie de instalaciones independientes, muy hermosas, e incluso consiguió realizar un arco estable con leños de 60 cm. Su pila más famosa es *Bauta (Memorial)*. Se encuentra en la entrada del museo Nils Aas en Inderøya.

Las pilas más estables se logran empleando troncos de longitudes similares. Aprender puede llevar algún tiempo, y no es una tarea que admita prisas. La clave está en considerar cada leño como un ladrillo, y en eliminar el desequilibrio enseguida. Aplica algo de fuerza al colocar cada nuevo leño y mécelos un poco de un lado para otro; así encontrarán mejor su sitio y la pila será más estable. Los pequeños desequilibrios afectan a toda la pila, y hay que prestar especial atención a los leños nudosos o retorcidos; en estos casos, por ejemplo, trata de colocar justo encima un leño retorcido a la inversa. Los leños cortados por la mitad son los más estables, y viene bien emplearlos para formar «torres cruzadas», patrones de postes entrecruzados en los extremos de la pila.

De vez en cuando hay que agitar ligeramente la pila para identificar puntos inestables o desequilibrados. Además, hay que alejarse unos pasos para comprobar que la construcción entera no empieza a ceder por ningún lado.

Cuanto menos contacto haya entre la superficie de los leños mejor secarán, pero la leña tiende a contraerse y perder volumen, con el consiguiente riesgo de que la construcción se venga abajo. Hay quien recurre al travesaño, un leño puesto de través para corregir una inestabilidad incipiente. Los puristas lo ven con malos ojos, primero porque interrumpe las líneas estéticas, y segundo y más importante porque revela la existencia de una sección inestable en la parte inferior de la pila.

En Noruega la cuestión de si hay que apilar los leños con la corteza hacia arriba o hacia abajo ha aguado más de un bautizo y arruinado alguna que otra boda cuando entre los invitados había entusiastas de la leña. En el periódico regional *Østlendingen,* que se publica en la región de Hedmark, hubo un acalorado debate sobre el tema, y la facción de «corteza hacia abajo» sacó una clara ventaja. Aseguraban que si la corteza quedaba hacia arriba funcionaba como un tejado que impedía que la humedad se evaporase. En 2012, un estudio científico de la Universidad de Gjøvik demostró que, aunque tienen algo de razón, las diferencias son insignificantes. Aun así, podemos distinguir dos tradiciones: en la costa, corteza hacia arriba; en el interior, corteza hacia abajo. La razón es que en los inviernos costeros la precipitación suele caer en forma de lluvia, con frecuencia en diagonal y con fuertes ráfagas de viento, y al ser la corteza impermeable, la leña se mantiene más seca si está hacia arriba. En cambio, tierra adentro la precipitación suele caer en forma de nieve y las condiciones de viento son más tranquilas.

Pero hay un hecho que amenaza a estos argumentos: durante el proceso de secado, la humedad sale fundamentalmente por los extremos del leño, y por tanto cualquiera diría que no importa cómo queda la corteza, al menos si se tiene un buen tejado.

Un argumento más importante a favor de dejar la corteza hacia abajo es que así es más fácil obtener una buena distancia entre los leños, y, por consiguiente, una mejor circulación del aire.

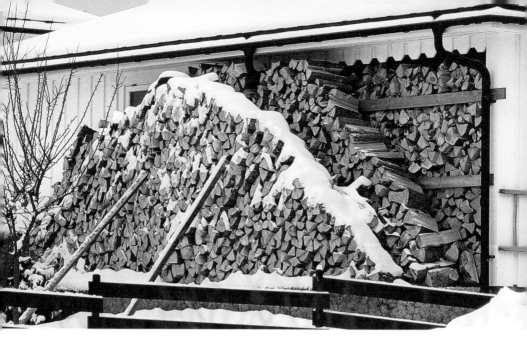

Una pila de tres capas en pared soleada, reforzada de cara al invierno.

Sin embargo, en algo están de acuerdo ambas facciones: la corteza debe estar orientada hacia abajo en las capas inferiores de la pila, para proteger la leña de la humedad del suelo, y siempre hacia arriba en las capas superiores, si no se tiene un buen tejado.

El arte del apilado noruego ha culminado en unas pocas escuelas pequeñas pero bien distinguidas. El apilado pragmático junto a una pared no ofrece muchas posibilidades de variación y la circulación del aire no es óptima, pero da estabilidad. Cualquier paseo en coche por el campo noruego nos permitirá ver que es una técnica extendida. En Finlandia la situación es diferente; de entrada, aquí la normativa antiincendios prohíbe el apilado de grandes cantidades de leña contra una pared exterior, y también está regulada la cantidad de leña que se puede tener a determinada distancia de las casas. Como consecuencia, el país ha desarrollado una fuerte tradición de pilas independientes, sin apoyo. Son un poco más difíciles de conseguir, pero tienen muchas ventajas. Pueden ser muy grandes (con leña larga, 6 m de altura no es algo imposible) y ubicarse en lugares más expuestos al viento, y ofrecen posibilidades creativas incomparables.

Pila en pared soleada

Un clásico indiscutible en los países cuya legislación lo permite. Funcional, estable y fácil de conseguir. La leña se apila junto a la pared de una casa, a poder ser orientada hacia el sol y, para que circule el aire, no demasiado cerca de árboles u otras viviendas. Con el fin de que la leña esté alejada de la humedad del suelo, se

Una de las muchas pilas esculturales que aparecen en las zonas rurales de Noruega durante la primavera. Su autor es Bjarne Granli, de Drevsjø.

apila sobre postes de madera o palés. Si los leños son cortos, es buena idea aña-dir unas tablas, cuatro o cinco por metro cuadrado, de tal manera que sobresal-gan formando un ángulo recto con la pared. Cuando los leños están apretados contra estas tablas, la pila queda asegurada y sujeta. Conviene que haya un hueco de ventilación entre la leña y la pared. El riesgo de derrumbe aumenta con la altura de la construcción, y es preferible que la leña se incline hacia dentro y no hacia fuera, sobre todo porque se contrae más rápido por el lado que da al sol. Sin embargo, con frecuencia hay que resignarse y clavar una tabla transver-sal para mantener todo en su sitio, en especial si la pila llega hasta el canalón. Una vez terminada la primera pila, se puede construir delante una segunda. La de atrás tendrá peores condiciones de ventilación, pero si se ha conseguido leña para un par de temporadas, es una técnica muy práctica. En la página anterior puedes ver una pared de tres capas, una variante de este diseño.

Pared de leña o casa de leña

Es una variante de la pila en pared soleada. Toda la pared externa se reviste de leña, en toda su altura, cubriendo de lleno la superficie original. El efecto es particularmente llamativo si las cuatro paredes (menos las puertas y las venta-nas, claro, ¡que no se te vaya la mano!) están tapizadas de leña. El resultado se asemejará a una construcción aún más radical, la casa de leña independiente, que está hecha por completo de madera. Es más fácil de construir de lo que parece: se empieza con torres cruzadas en una esquina, se levanta una pared entera, luego se hace otra torre cruzada y se construye la segunda pared, etcé-

La pila redonda paso a paso: primero se construye una base horizontal y circular, luego se colocan los leños minuciosamente para que la pila sea cilíndrica. Los leños del medio dan estabilidad y evitan que la pila se hunda hacia dentro. Cuando la estructura tiene más o menos 1 m, los leños se van colocando hacia el centro, y al final se suele poner un tejado de leños delgados con la corteza hacia arriba. Pila creada por Ruben Knutsen, de Hamar.

tera. Si se ponen leños en vertical, también se pueden hacer puertas o ventanas. En Noruega, la casa de leña se considera una «construcción temporal», y por lo tanto no le afecta la normativa de construcción. La longitud de la leña no debe ser menor de 40 cm; lo ideal es 60.

Pila redonda

También llamada «pila de colmena», se trata de una técnica de apilado excepcional que en su día estuvo muy extendida en Noruega aunque ahora apenas se usa. Es bastante difícil de conseguir, y si empieza a derrumbarse se cae todo. Pero una pila redonda bien hecha tiene ventajas importantes. Aprovecha muy bien el espacio, le hace hueco a la leña torcida y, si se ha construido como es debido, puede estar a la intemperie, ya que el agua de lluvia discurrirá por los laterales exteriores.

Básicamente, la idea es que la leña se apile en un círculo grande. Si te atreves a construir una pila redonda con un diámetro bien grande, puedes formar también uno o dos círculos interiores de leña. Los leños cortos, torcidos o difíciles de apilar por otras razones se ponen en el medio. La pila se levanta en horizontal hasta que mida en torno a 1 m, luego los leños se mueven un poco hacia el interior por cada vuelta, y mientras tanto se sigue llenando el centro para que todo quede estable. Al final se cubre con un tejado de leños planos. En esta capa

Pilas alargadas de leños de 60 cm de longitud, lo que equivale a la antigua braza noruega. Después del secado, los leños se cortan una vez más y se llevan a la leñera. Pilas creadas por Liv Kristin Brenden, de Brumunddal.

la corteza debe estar hacia arriba para que no entre la lluvia. Cuanto más grande sea el diámetro, más largo será el tiempo de secado.

Algunas personas ponen una estaca en medio a la que hacen una marca a la altura máxima de la pila. Así controlan cuánto se contrae y baja la leña e indirectamente cuánto seca. Otras ponen un tubo de estufa en el centro, que luego retiran para mejorar la circulación.

Pila alargada

Una buena opción en todos los sentidos: estética, pero fácil de realizar y con una tradición que viene de lejos, ya que proporciona un secado excelente. Las pilas son más fáciles de lograr con leños largos, preferiblemente de 40 o 60 cm, tumbados sobre postes de madera. En cada extremo de la pila conviene poner una torre cruzada, que garantiza la estabilidad. Alternativamente se pueden clavar palos en el suelo, o colocar la pila junto a un árbol.

El mejor secado se consigue si la pila está orientada de este a oeste, ya que el viento del sur soplará directamente a través de ella cuando la golpee por el lado largo. Esta técnica de apilado también es la manera más sencilla de calcular la medida de leña clásica noruega, *favn* (braza). Con leños de 60 cm, una pila de un *favn* debe medir 1 m de alto y 4 m de largo.

La pila alargada resulta difícil de cubrir porque suele ser bastante estrecha y debe estar inclinada para que el agua discurra por la parte trasera. Algunos elaboran sus propias cubiertas de contrachapado y cartón asfaltado, que usan año tras año. Otra alternativa es construir la pila de tal manera que su punto más alto esté en el centro, y cubrirla con láminas de tejado inclinadas hacia los dos extremos. Después del secado, es posible cortar esta pila de leños largos (60-80 cm) simplemente poniendo la motosierra en medio de ella y cortando hacia abajo, pero el verdadero propósito de unos leños tan largos es simplificar el transporte desde el bosque hasta casa. Esta técnica se describe con mayor detalle en las páginas 176-179.

Pila cuadrada cerrada

Estas pilas sólidas, que ocupan poco espacio y funcionan bien con la leña corta, casi siempre se construyen sobre palés dispuestos en forma de un gran cuadrado. Se apila en varias filas para cubrir toda el área. Con las pilas cuadradas más grandes hay que empezar desde el centro, poner la leña en un cuadrado hasta la altura completa de la pila, y luego seguir construyendo hacia fuera. En las esquinas es particularmente importante colocar leños cruzados para lograr más estabilidad. La pila cuadrada es única, pues ofrece la posibilidad de combinar leños de varias longitudes en una misma pila sin que afecte a la estética. El resultado es bonito, pero la técnica requiere más trabajo preparatorio y supervisión si la pila es grande (véanse las ilustraciones de las páginas 19 y 182-183). Debido a su forma plana conviene usar chapa ondulada como tejado, y elevarlo por un lado para que el agua discurra rápido.

Pila cuadrada abierta

Desde fuera y una vez finalizada, esta pila parece igual que la cerrada, pero la construcción es esencialmente distinta, ya que la variante abierta se erige de abajo arriba, en toda su amplitud, desde el principio. Dentro de la pared exterior la leña se encuentra en un montón desordenado, y no en filas. Por ello tiene su pariente más cercano en la pila redonda. La técnica es apropiada para leños curvados y torcidos, por ejemplo de árboles grandes con ramas pesadas. No deben construirse muy grandes, ya que la pared exterior puede derrumbarse por presión desde dentro (véase la ilustración de la página 80).

Pila circular

Pariente vertical de la pila redonda, requiere más equipamiento pero ofrece ventajas únicas. Las pilas son completamente circulares y se sujetan con una correa de carga o un cable. Hay que poner primero la leña en un marco redondo, a poder ser dos semicírculos de hierro resistente. Estos se juntan con pernos arriba y abajo. El aro de hierro se pone en vertical sobre dos leños y se llena de leña. Se ata la correa o el cable alrededor de los leños. Luego se abre el aro y se retira. Las pilas circulares pueden guiarse rodando por el suelo o se pueden levantar a un remolque con una grúa. No es difícil fijar un tejado de chapa ondulada por encima. El mayor diámetro práctico son unos 1,5 m, y se debe usar leña de 50-60 cm para evitar que los leños se salgan (véase la ilustración de la página 87).

Pila escultural

Se trata de un término genérico para todas las pilas que exhiben una silueta, un diseño o un juego de colores, abstractas o figurativas. Los laberintos, los retratos y los monumentos entran en esta categoría. Las pilas esculturales son populares en Noruega, y todos los años los periódicos locales les dedican concursos de fotografía; las mejores reciben al instante cientos de «me gusta» en Facebook.

En 2012 el ingeniero eléctrico jubilado Ole Kristian Kjelling, de Bjørånes, Østerdalen (una de las zonas de menor densidad demográfica del país), generó titulares en periódicos de toda Noruega al apilar una escultura que retrataba a los reyes noruegos con ocasión del 75 cumpleaños del rey Harald V. Anteriormente, Kjelling había retratado al compositor Rossini y al alcalde local.

A la hora de realizar pilas esculturales hemos de tomar una decisión importante: si para crear el dibujo se va a emplear un poco de pintura o si solo se va a aprovechar la gama de colores natural de las diferentes especies de madera. Por ejemplo, la leña del roble es de un marrón oscuro, y el pino y el abeto acaban teniendo una tonalidad amarilla tras un tiempo al sol, mientras que el tilo, el arce y el álamo temblón se mantienen bastante blancos incluso tras un largo verano. El aliso gris es un comodín interesante, ya que aporta un color naranja casi fosforescente a principios del proceso de secado. Colocar los leños con la corteza hacia fuera permite utilizar la gama de colores y texturas de esta, desde el blanco del abedul hasta los tonos marrones de las coníferas o los grises de los árboles de hoja ancha.

Pila en forma de V

Antiguamente, esta era la técnica para iniciar el secado en el bosque, y también se usaba como unidad para calcular la tarifa de destajo de los leñadores. La pila consiste en troncos largos apilados en forma de V, de tal manera que se cruzan por un extremo. La regla era que las pilas debían medir 3 m, y la altura de la pila debía ser 1 m en el cruce. Había que dejar los troncos en un ángulo de 90 grados con el extremo más grueso hacia fuera, y descortezarlos en tiras por dos o tres lados. Los troncos inferiores debían estar apoyados en piedras o tocones.

La regla de los 3 m se correspondía con la antigua unidad de medida *storfavn,* braza grande, que equivalía a troncos sin cortar y sin partir de un volumen

de 2 x 2 x 3 m. El uso estricto de la medida era una de las razones por las que el bastón de los gestores forestales debía medir justo 1 m.

Hoy día la pila en forma de V se usa poco, porque la gente tiene la posibilidad de transportar la leña para cortarla y partirla enseguida. En un tramo de la carretera E6 al sur de Hamar, en la región noruega de Hedmark, los paisajistas han colocado una serie de pilas decorativas en forma de V en honor a esta tradición forestal.

Pila en forma de V levantada (pila sami)

En los altiplanos y otras zonas de aire seco y mucho viento, los árboles delgados secan bien si se descortezan en tiras y se ponen en vertical, más o menos como los palos de un *lavvu* sami o un tipi. En Finnmark, la región más septentrional de Noruega, este método es muy común, sobre todo entre los indígenas samis. En la meseta de Finnmark prácticamente no crecen más árboles que el abedul delgado y curvado, y la técnica es perfecta para ellos. Cuando llega el invierno los troncos se transportan hasta las casas con una motonieve, y allí se cortan y se dejan en una caseta. Si el árbol es corto y curvado, generalmente no hace falta apilarlo.

Canasta de secado

Técnicamente no es una pila, pero es un método de almacenamiento rápido y simple. Consiste en una canasta de malla de acero o de madera con huecos grandes en la que, sencillamente, se tira la madera dentro. Es una buena opción para pragmáticos con niños pequeños, pero por supuesto no puntúa muy alto en estética. De todas maneras la canasta de secado es un suplemento excelente para las pilas de mayor precisión, las de retales, raíces y piezas curvadas. Seca bastante bien, ya que los leños están en una pila desordenada, pero la canasta no debe tener demasiado diámetro. La canasta es fácil de hacer con el tipo de mallas de refuerzo que se usan para los suelos de hormigón. Los proveedores de materiales de construcción las venden en medidas estándar de 2 x 5 m. El hilo es tan resistente que la canasta mantendrá la forma incluso cuando esté llena, y soportará el impacto de leños pesados. Los palés sirven como base, y las mallas se despliegan alrededor de ellos y se fijan con grapas galvanizadas y alambre. Si la canasta va a ser grande, se puede sujetar con una estructura de madera. Reserva una apertura para sacar la leña, bien ensartando tablas de madera a través de las aperturas de la malla o haciendo una escotilla en la red alámbrica y cerrándola con enganches de alambre. La parte inferior de la canasta de secado está expuesta a la lluvia y a la ventisca, y debe cubrirse con chapas antes del invierno. Cuando sacas leña, es útil tener un azadón a mano para que los leños traseros puedan arrastrarse hacia la apertura (véanse las ilustraciones de las páginas 17 y 80).

La leñera

Nada es mejor que sacar la leña de una leñera bien usada, con suelo de madera desgastada, cortes a lo largo de los tablones de la pared, y manchas de resina y demás pátina entrañable de años de uso. Pero como hemos mencionado, la leña debe estar completamente seca antes de guardarse en la leñera. Para entonces, no pasa nada por que el apilado sea compacto, e incluso los más puristas pueden dar rienda suelta a su afán de precisión golpeando los extremos con un martillo para que todo quede liso. Sin embargo, es inevitable que la leña absorba más humedad del aire en otoño, así que es importante asegurarse de que el suelo esté seco y haya buena ventilación tanto arriba como abajo, y, puestos a pedir, un tejado oscuro que aumente la temperatura interior durante el verano. Un buen truco para la leña corta es fijar unas tablas, por ejemplo, cuatro o cinco por cada metro cuadrado, perpendiculares a la pared. Cuando la leña queda apretada contra estas, la pila se estabiliza. (La técnica también funciona para otras formas de apilado contra una pared, pero si la leña es verde puede desequilibrarse conforme descienda.) Si se hacen varios compartimentos, será más fácil encontrar diferentes tipos de leña. La leña de encendido en un sitio, leña dura y muy picada para el frío extremo en otro, las especies más ligeras en un tercer lugar, todo en función de lo que requiera la temperatura exterior. Es como tener una bodega de vinos. Una buena luz, preferiblemente activada por un sensor de movimiento, es una gran ventaja.

Cobertizo de secado

Una variante de la leñera, que elimina la necesidad de volver a mover y apilar la leña una vez seca. El cobertizo permanece en un mismo lugar a lo largo del año, pero se le pueden quitar una o varias paredes para airear o permitir que entre la luz del sol. El lateral debe estar orientado hacia la dirección del viento dominante durante la primavera y el verano. Cuando se acerca el invierno, se ponen las paredes y la puerta. También se puede abrir un pasillo central, para que se entre desde el lado corto. Puede construirse cerca de una pared o de manera independiente, y también puede ser una construcción grande. Es un término medio muy bueno que asegura condiciones de secado estables. Igual que en la leñera, conviene hacerla con varios compartimentos. Así, la leña se apilará más fácilmente, y costará menos distinguir entre leña de distintas temporadas. También es posible hacer canastas de secado en el interior, por ejemplo con mallas de refuerzo con aperturas mediante bisagra, para los leños con formas difíciles.

HAMAR: LA ESCULTURA EN EL JARDÍN

Cada primavera, una hermosa escultura hace su aparición en el exterior de una entrañable casa blanca de madera, en el centro de Hamar. Cada otoño se derriba, si no se ha venido abajo por sí misma. Lo perecedero es un componente intrínseco de la instalación anual en el jardín de Ruben Knutsen.

Ruben es pintor y escultor. Nació en Arendal, en la costa sur del país, pero se aficionó a la leña cuando se mudó al interior. Quería darle un toque adicional al apilado, y desde entonces cada año se atreve con una pila redonda clásica. Antiguamente estas pilas se veían con frecuencia en Noruega, pero ahora el arte de construirlas se ha olvidado casi por completo. A Ruben le vino la inspiración después de visitar el museo folclórico al aire libre de Skansen, en Suecia, hace diez años. Desde entonces, cada año ha intentado mejorar su habilidad para esta técnica de apilado.

«Una de las primeras cosas que descubrí es que la pila debe tener un diámetro bastante grande. Es importante para darle estabilidad. Una pila pequeña hace que los leños queden separados en la cara exterior, y la capa siguiente se cae dentro de las grietas. Yo suelo hacer un círculo de 2,2 m de largo, pero no pasa nada si el diámetro es aún más grande.»

De base pone tableros cortos. En las primeras tres o cuatro vueltas se esmera para que el «muro» sea lo más estable posible. En este cometido solo sirven los leños más rectos y lisos.

La idea básica de la pila redonda es que el hueco central siempre debe llenarse de leños irregulares, torcidos o cortos. Estos se dejan sueltos y desordenados, pero bien cerca del «muro» circular para contrarrestar los eventuales derrumbes hacia dentro. Si la mayoría de los leños tienen la misma longitud y son rectos, es posible hacer dos círculos, uno dentro del otro. Como afirma Ruben, la construcción de una pila redonda es considerablemente más rápida con leña larga. «La de 30 cm resulta demasiado inestable. Es más fácil trabajar con leños de 40 cm», asegura.

Aparte de que la pila debe ser del todo circular, también es importante asegurarse de que quede cilíndrica. Mientras apila, Ruben controla la construcción desde varios ángulos, golpea los leños para que entren bien y pone a prueba la estabilidad. Hay que mecer cada leño ligeramente, no demasiado, y debe caer de vuelta en su sitio. Bajo ninguna circunstancia la construcción debe quedar

Páginas 124-125. Cada primavera, Ruben Knutsen se dedica a perfeccionar el arte del apilado, para luego, cuando llega el invierno, quemar la escultura entera.

Página 129. A Ruben le gusta tener la pila a la vista. Curiosamente, esta se derrumbó un día después de que se tomara la foto, pero la leña ya estaba seca y fue posible transportarla a la leñera.

inclinada hacia ningún lado. Una vez que empieza a colapsar una pila redonda, hay que derribarla hasta el círculo más bajo. El daño es irreparable.

«Eso lo aprendí a la fuerza —ríe—. Ahora siempre pongo los leños bastante apretados, pero nunca he tenido problemas con el secado. Toda la leña que he apilado en primavera ha estado lista para la estufa en invierno, nunca sisea. Claro que el viento y el sol le entran por todos los ángulos. Pero las pilas realmente grandes deben ser más porosas para que la capa interior seque.»

Conforme el círculo crece, las irregularidades serán cada vez más pronunciadas y la capa superior será inestable. Por eso es necesario estabilizarlo constantemente e introducir leños finos para que el círculo se mantenga nivelado. También se puede hacer trampa y meter unos leños de través. Quizá sea la técnica de apilado con la que el constructor debe estar más atento a cada pieza que añade.

Cuando la pila alcanza 1 m de altura, Ruben empieza a estrecharla. El círculo se va reduciendo un poco por cada vuelta que da para que la parte superior adquiera una forma ovalada, a unos 2 m de altura. Luego corta las «tejas», es decir, unos leños planos que se colocan en lo alto de la pila para que la lluvia corra por ellos. Por supuesto, los leños del tejado se ponen con la corteza hacia arriba. Los árboles caducifolios son excelentes tejas, ya que son casi impermeables.

Para asegurar una buena ventilación, la pila se queda sin cubierta durante toda la primavera y el verano. En periodos de mucha lluvia la cubre con una lona. Hacia finales del otoño se tira la pila y los leños pasan a la leñera.

Ruben afirma que esta técnica de apilado no es particularmente difícil, siempre que uno se tome el tiempo de controlar la construcción con frecuencia.

«Una vez vi que empezaba a inclinarse, pero lo ignoré, supongo que en realidad prefería no darme por enterado. Y entonces, el día antes de que nos fuéramos de vacaciones de verano, oí un estrépito y allí estaba la leña desparramándose por el suelo. Allí se quedó», ríe.

Ruben tiene ciertas reservas al respecto de la leña que le han traído este año. Es de pino o abeto, como de costumbre, pero en esta ocasión la carga ha salido astillosa e irregular de su paso por la procesadora de madera.

«Hay mucho serrín y muchas astillas y la corteza está pelada. No es muy bonito, pero me consuela que podré esconder los leños más feos en el medio. Es una de las ventajas interesantes, pocas técnicas de apilado te dan un espacio libre en el centro. Me hacen gracia los leños con personalidad, los que son torcidos y un poco obstinados. Calientan igual de bien, y me da el mismo placer meterlos en la estufa.»

Las únicas herramientas que utiliza son el tajo y un hacha. Esta última es un bien muy preciado: una gran Stor Klyvyxa de Gränsfors Bruk hecha a mano en Suecia. Es algo más cara que los modelos fabricados en serie, pero tiene un equilibrio excepcional y la personalidad de un utensilio artesanal.

Ruben cuenta que mucha gente se para a hablar con él cuando está apilando, y le agrada particularmente que un par de vecinos hayan empezado a apilar de la misma manera.

«Me gusta dedicarme al apilado solo. A veces mi familia me llama "el friki de la leña" cuando me quedo aquí fuera hasta las tantas, incapaz de apartarme del trabajo. En cambio, a la hora de meter la leña en la leñera agradezco la ayuda. Además, reconozco que me gusta cuando la familia hace algún comentario sobre la leña. Me encanta cuando estamos sentados a la mesa y veo que ha crecido la pila.»

Piensa que hay que llegar a cierta edad antes de poder entender esta sensación, y probablemente el papel de sustentador de la familia sea una parte de ella.

«La leña siempre ha sido importante para mí, pero cuando era joven era más bien el fuego y el calor lo que apreciaba. De niño hacíamos cabañas de leña para jugar, aunque entonces los leños no eran más que piezas de construcción. Hasta que tuve familia y mi propia casa, la leña no adquirió otra dimensión. Aun así, nunca busco formular exactamente en qué consiste esa alegría, quizá ese sea el secreto.»

Ruben dedica unos cuatro o cinco días al apilado. Según avanza el verano, asoma la sombra de la duda: ¿se derrumbará? Es normal que la altura descienda un poco, y en días de mucho calor la pila entera puede crujir mientras los leños se contraen y van encontrando su nuevo sitio.

«Es una parte bonita del proceso de la naturaleza. A través de la leña, tú mismo puedes sentir que eres parte de todo. Un leño pesado y húmedo te pone en contacto directo con la primavera. Es un presagio, una especie de preparación, un indicio de lo bueno que traerá el invierno. Aun así no supone nada sentimental. Nunca lloro al quemar un leño perfecto. No es mala idea estar en contacto con lo perecedero también.»

—

CAPÍTULO 6

EL SECADO

«La idea de que su padre no hubiera pensado antes en la leña seca asustó a Roy.»

David Vann, *Leyenda de un suicidio*

Igual que el árbol absorbe el agua lentamente, ahora debe soltarla poco a poco. La humedad es enemiga del fuego, y el secado es la fase más determinante para una leña de calidad. La pila de leña es la alegría del leñador en verano, cuando el agua se evapora de los leños, se abren las grietas de secado y se oyen los crujidos de la pila que se contrae.

El secado tiene su ciencia, y depende de las especies, de la pila, de la latitud y de los caprichos del tiempo. Como la fermentación de la cerveza, el secado de la madera debe ser un proceso lento y natural, ajeno al bullicio de la vida en derredor.

Y lleva su tiempo.

Cuanto más seca, mejor

Cuando llegue el invierno, veremos si hemos cuidado bien de la leña. El corte y el apilado se traducen en considerables diferencias de calidad, y el objetivo del leñador es que la leña quede lo más seca posible.

Un mito extendido dice que «la leña no debe estar demasiado seca», pues existe un porcentaje ideal de humedad. No es cierto. Cuanto más seca esté la leña, mejor. La persistente idea de que la leña totalmente seca no calienta bien podría ser el resultado de un problema de combustión que surge cuando se queman intensamente abeto y otras maderas blandas. Este proceso, que se detalla en la página 174, podría explicar por qué los manuales de uso de algunas estufas sostienen que la madera debe tener un nivel de humedad de al menos un 10-12%, quizá como medida de seguridad y para prevenir problemas de combustión. Sin embargo, en la práctica nunca tendrá menos de un 12% si se ha almacenado al aire, a no ser que vivamos en el desierto.

Si ha fallado el secado, costará más que la leña prenda, dará mucho menos calor, contaminará y dejará el conducto de humos de la estufa con una capa brillante que incrementa el riesgo de fuego en la chimenea. La principal característica de la leña que no está seca, aparte de no prender bien y emitir un siseo —ocasionado por el agua que hierve en las fibras de madera y sale por los extremos de los leños—, es el humo negro que sale por la chimenea.

Fumata nera

Este fenómeno es uno de los códigos de señales más antiguos de la cultura occidental. Cuando muere un papa, el Colegio Cardenalicio del Vaticano se reúne en cónclave a puerta cerrada en la Capilla Sixtina para elegir a su sucesor. El resultado se da a conocer al mundo exterior quemando los votos en una pequeña estufa en la capilla. Si no es concluyente, los votos se queman con paja mojada y saldrá humo negro, o *fumata nera,* por la chimenea. En la plaza de San Pedro siempre hay una formidable muchedumbre esperando la decisión, y reacciona con creciente inquietud cada vez que ve salir el humo negro, un símbolo visible de la frustración del cónclave por los fallidos intentos de llegar a un acuerdo. Una pequeña armada de canales de televisión espera con los teleobjetivos fijos en la delgada chimenea.

Tarde o temprano (el periodo más largo de fumata negra duró tres años, de 1268 a 1271), la elección papal sale adelante, y entonces los votos se queman con paja seca. El humo blanco —*fumata bianca*— sale por la chimenea, y la Iglesia católica tiene un papa nuevo. Pero ni siquiera el Vaticano tiene un control absoluto del proceso de secado. El momento crítico del humo blanco es precisamente el más difícil de conseguir, porque todas las hogueras emiten humo negro hasta que el fuego prende como debe, y para prevenir la confusión entre la muchedumbre, de un tiempo a esta parte se ha adoptado la costumbre de quemar los votos junto con aditivos químicos que permiten distinguir mejor

PÁGINA 132. Casi siempre aparecen grietas en la madera durante el periodo más intenso de secado, pero una vez que está seca se vuelven a cerrar.

PÁGINA 134. Leña perfecta: dura, seca y limpia. El secado rápido con mucho viento y sol es la mejor garantía contra el moho y los hongos. A estos organismos les encanta la leña húmeda (sobre todo con un porcentaje de humedad de entre el 25 y el 35%).

PÁGINA 135. La pila en forma de V resultaba muy común antaño, incluso era una unidad de pago para los leñadores, y se conocía como la «braza grande».

una fumata blanca de una negra (clorato de potasio, lactosa y resina para la primera; perclorato de potasio, antraceno y azufre para la segunda). Aun así, en 2005 la columna de humo tomó un ambiguo tono gris que trajo de cabeza a la multitud expectante.

Medir la humedad

Al usar la estufa, la fumata blanca es eso a lo que aspira todo noruego entusiasta de la leña, al margen de cuáles sean sus convicciones religiosas. Pero antes de entrar en los detalles del porcentaje de humedad de la leña hay que dilucidar cómo se calcula, porque en Noruega, por ejemplo, el cálculo difiere si hablamos de la humedad en los materiales de construcción, para los que se mide en relación con la sustancia seca de la madera. El porcentaje de humedad de la leña se mide con respecto al peso total del leño. Si pesa 1 kg y tiene un 20% de humedad, contiene 200 g de agua. Lo importante es la parte de humedad con respecto al peso total del leño en el momento del pesaje. Esto explica por qué un leño con un 20% de humedad pesa la mitad que el mismo leño cuando tenía una humedad del 60%. Cuando la humedad desciende, también baja el peso total a partir del cual calculamos. Este cálculo se ha elegido porque el contenido de agua no es una cualidad secundaria en la leña, sino determinante para la calidad de su combustión.

Un 20% de humedad es el mínimo relativo para que la leña comercializada en Noruega se denomine «seca», pero no es difícil conseguir que la leña quede más seca; desde luego, la humedad puede bajar hasta un 16-17% si se ha talado en el lugar y el momento adecuados y las condiciones de secado han sido buenas. Sin embargo, es raro que la leña secada al raso tenga menos del 12-14% de humedad, e incluso la vieja pared de pino del salón de una casa tiene un 7-8% de humedad cuando en invierno alcanza su punto más seco.

El tiempo de secado

En la leña verde, la humedad equivale aproximadamente a la mitad del peso (o más), así que de una pila de leña un poco grande pueden evaporarse cientos de litros de agua.

Las buenas noticias son que la mayoría de las especies se secan a una velocidad asombrosa si la leña se corta y se parte nada más terminar la tala, siempre que se tengan en cuenta las exigencias de cada temporada y las condiciones de viento. Mucha gente mantiene que toda leña necesita entre tres y cuatro años de secado, pero estas convicciones casi siempre se remontan a experiencias con leña talada a finales de la temporada, que no se partió a tiempo o que se almacenó en un lugar poco ventilado. Hay quien confunde el secado de la leña con el secado de los materiales de carpintería y construcción, que requieren mayor plazo para evitar la aparición de grietas.

En climas de humedad moderada, la mayor parte de las especies, incluso las duras, estarán listas para la estufa el mismo invierno si se han puesto a secar durante la primavera. De hecho, en las zonas relativamente secas del interior de Noruega, los leños de abedul, pino y abeto de 30-35 cm pueden estar secos y listos para la estufa al cabo de tan solo dos meses, si las condiciones de secado han sido óptimas.

Madera seca para San Juan

Un viejo dicho noruego asegura que la leña debe estar cortada, rajada y apilada para Semana Santa, ya que en ese caso estará seca para San Juan, es decir, al cabo de dos meses. En Noruega, la noche de San Juan se suele celebrar con grandes hogueras que se mantienen vivas durante gran parte de la breve noche, pero el dicho se refiere principalmente a la leña de combustión para el invierno siguiente. En los tiempos que corren, estas reglas del calendario pueden sonar a cuentos de la abuela. Pero si comparamos el ciclo de crecimiento de los árboles con los datos meteorológicos a lo largo del año, veremos que nuestros mayores sabían muy bien lo que hacían.

Antes de Semana Santa, el nivel de humedad de los árboles es ligeramente más bajo de lo habitual, de modo que ya de por sí la madera está un poco más seca. Además, por la noche suele haber temperaturas bajo cero, lo que hace que los leños sean mucho más fáciles de partir. Y ahora viene lo más asombroso: la humedad media del aire varía mucho en Noruega, pero la mayoría de las zonas coinciden en que justo alrededor de San Juan la humedad del aire asciende drásticamente: tal vez del 55 al 80%. Hacia esas fechas la hierba empieza a amanecer teñida de rocío, señal de que el tiempo se está volviendo húmedo. De media hay menos lluvia en los meses primaverales. Estos cambios son significativos, y explican por qué el «secado primaveral» está tan asentado entre los aficionados a la leña noruegos.

Si los leños se dejan secar en un lugar bien ventilado a principios de la primavera, la humedad puede bajar del 45 al 35% en solo un par de días, y al 30% después de la primera semana. Tras un mes de secado en buenas condiciones puede haber bajado al 22%, y al cabo de dos meses es posible que no supere el 15% de humedad, un resultado compatible con la antigua sabiduría. A partir de este punto, en la práctica, no se gana nada dejándola más tiempo en la pila, y podemos trasladarla al sótano o a la leñera.

Esto es válido en climas moderadamente cálidos y para maderas como el pino y el abeto. Otros climas, sobre todo a lo largo de la costa, pueden exigir dos temporadas de secado, en especial si el año ha tenido pocos días de sol, bajas temperaturas, poca helada y un elevado nivel de humedad del aire. También un invierno más cálido y corto puede ser un inconveniente, ya que una primavera temprana acelera el ascenso de la savia. La mayoría de los amantes de la leña de los países nórdicos procuran iniciar el proceso de secado a principios de la primavera.

Una hermosa ejecución de un apilamiento a gran altura, una versión magistral de una pila noruega en pared soleada. Aquí la leña cubre las cuatro paredes de una casa, perfectamente apilada por Inge Hådem, quien ganó el Concurso de Apilado Nacional de Ark en 2012. Esta pila la hizo en la primavera de 2014.

El primer mandamiento para un buen secado es la longitud de los leños, pues la leña corta seca más rápido que la larga. Esto se debe a que la humedad sale 10-15 veces más rápido por los extremos que por los lados largos. El segundo mandamiento es partirla, ya que la corteza encierra la humedad como una cáscara. Además, una vez en la estufa, una superficie partida dará una combustión más eficiente. Mucha gente se sorprende al ver que los palos delgados silban en la estufa, mientras que los grandes leños, partidos la misma temporada, arden alegremente. La razón es que los palos finos sin partir tardan en secar, ya que la superficie de los extremos, por la que circula la humedad, es corta en comparación con su longitud. Por eso un buen truco para las ramas y los leños demasiado finos para partir en dos es sacarles tiras de corteza.

Por dentro, la leña está compuesta por numerosas células huecas, donde tanto las paredes como el hueco en sí están atiborrados de agua. Los huecos secan primero, y luego, cuando las células empiezan a estar secas, aparece el agrietamiento de secado en los extremos de los leños. Estas grietas son indeseadas en los materiales de construcción, pero cuando aparecen en la pila de leña son motivo de gran alegría, ya que son la prueba de que el secado va bien. Empiezan como rayas minúsculas, como las arrugas en la comisura de los párpados, y con el tiempo los dibujos se van haciendo más visibles y las grietas se abren cada vez más.

Por lo general, las especies ligeras secan más rápido que las duras, pero en la práctica la diferencia no es muy grande siempre que la leña esté cortada y partida en piezas de 30-40 cm. El roble y el arce secarán despacio. Curiosamente, la leña verde se enfría en su momento de secado más intenso. Se debe a que la evaporación le roba energía al leño; se trata del mismo proceso que hace que una botella de refresco se enfríe si se envuelve en una toalla mojada y se pone al sol.

Una vez que la leña está seca, pasa a la fase final de humedad de equilibrio. Aquí el nivel de humedad oscilará en función de la humedad ambiental, de ahí que a finales del otoño el nivel de humedad de la leña seca que se conserva al aire pueda subir un poco.

La humedad de equilibrio de la madera es siempre mucho más baja que la del aire, pues esta oscila más lentamente. Un buen truco para controlar el proceso de secado es marcar cuatro o cinco leños de la pila y pesarlos a intervalos de una semana. Cuando el peso deja de bajar, la leña ha alcanzado la humedad de equilibrio. Una humedad del aire del 60% dará, a 20 °C, una humedad de equilibrio de tan solo el 10%, pero el aire casi nunca está tan seco allí donde la leña se usa como calefacción. Las noches siempre son más húmedas, y en un día gris de lluvia el aire tendrá un 90-98% de humedad. Además, los valores de humedad de equilibrio no suben de manera lineal. Cuando la humedad del aire suba por encima del 80-85%, la leña será mucho más receptiva a la humedad, y al 95% de humedad del aire, la humedad de equilibrio estará alrededor del 25%. En otoño el aire se pone más húmedo, y por ello un 14-15% de humedad es lo mejor que se puede esperar del almacenamiento al aire libre, incluso en climas normalmente secos.

El principio de la humedad de equilibrio también es la clave para saber si hacen falta una o dos temporadas de secado. Si, debido a las condiciones climáticas, la leña no tiene tiempo de secarse totalmente antes de que vuelva a subir la humedad del aire, será necesario concederle dos temporadas. El segundo año entrará en equilibrio con la humedad del aire más baja, que suele llegar a principios de la primavera. Entonces la leña secará un poco más. De todas maneras, dos años de secado dan una clara ventaja a largo plazo, ya que se doblan las reservas de leña y se cubre el consumo para un año adicional. El leñador prudente será muy popular entre sus vecinos menos prevenidos cuando se encuentren con una leñera vacía tras un corte de corriente prolongado.

Cuando la leña del abedul y otras muchas especies caducifolias de mediana densidad secan, es posible hacer burbujas echando detergente líquido en un extremo del leño y soplando a través de él. No solo es un truco festivo muy útil para los entusiastas de la leña, también es la prueba de que la leña seca más rápido por los extremos.

¿Hasta qué punto está seca la leña?

Todos conocemos a alguien que, después de haber ido a comprar sacos de leña a una gasolinera o un centro de jardinería, llega a casa y descubre que no hay manera de que prenda. Para los profesionales, demostrar que la leña que venden está seca es una cuestión de orgullo. Les encantará contestar tus preguntas sobre cuándo se cortó la leña o cuánto tiempo lleva almacenada. Esta información es, en realidad, la manera más sencilla de cerciorarse de que la leña sea de calidad antes de comprarla. Evita la leña atacada por moho u hongos. No solo es una cuestión estética, también revela que no se ha tratado bien. La mejor forma de controlar la situación es comprar leña verde en primavera y secarla en casa.

La buena leña debe ser dura, seca y limpia. A menudo la gente experimentada puede reconocer un leño seco pesándolo en la mano. Las grietas de secado son una buena indicación, pero aparecen antes de que la leña esté seca del todo. En la leña totalmente seca, los anillos de crecimiento serán prominentes. Otra diferencia es el olor. El delicioso aroma a savia y resina pierde intensidad durante el secado, y al final desaparece del todo. Puedes arrancar un poco de corteza

suelta y mirar si está cruda o verde por detrás. Si la leña ha estado expuesta a mucho sol, se habrá puesto amarillenta. La leña antigua adquiere un color gris si se moja y se vuelve a secar, y con frecuencia la corteza se despega.

Un truco para saber si la leña está seca es golpear dos leños el uno contra el otro. La leña seca emitirá un sonido duro y tintineante, mientras que un golpe sordo sin repercusión indica que hay mucha humedad. Sin embargo, esta prueba acústica tiene sus límites, y solo delatará la leña realmente verde. Los medidores electrónicos de humedad pueden parecer un poco excesivos, pero son una herramienta muy útil. Con los más baratos no se puede esperar que el porcentaje indicado sea correcto al cien por cien, pero si se toma una pieza de madera totalmente seca como referencia, no dejan de ser de gran ayuda para un aficionado serio. El resultado puede ser un poco engañoso, porque siempre habrá más humedad en el centro del leño, y justo debajo de la corteza. Por ello lo mejor es partir un leño por la mitad y medir allí. Clava los sensores bien adentro de la madera. Si lo haces con frecuencia con tu propia pila, tendrás un buen control de las condiciones de secado locales. Recuerda que la mayoría de los medidores muestran el porcentaje de humedad en relación con el peso seco.

Algo que suena increíble, pero que realmente funciona, es untar con detergente líquido uno de los extremos de un leño de árbol de hoja caduca y soplar con todas tus fuerzas por el otro. Aunque parezca mentira, la leña seca es tan porosa que deja pasar el aire, de manera que saldrán burbujitas por el otro lado. El truco también es una buena prueba de que la humedad circula mejor por los extremos de la leña. Asimismo, es un buen recurso a la hora de confrontar a los escépticos dueños de calefactores, y desde luego forma parte del repertorio de trucos festivos de un aficionado a la leña. Por desgracia, también salen burbujitas de la leña que no está seca del todo, así que el método no es infalible. Tampoco funciona con las coníferas, pero con la mayoría de las especies caducifolias, entre ellas el abedul, se pueden producir burbujas soplando a través de leños de no más de 40 cm.

Al final, no hay nada para detectar el nivel de humedad como el sencillo método de «secar/pesar» que proponen los profesionales del Instituto Noruego de la Tecnología de la Leña (donde existe un consejo asesor llamado «Club del Secado»). Con este procedimiento se obtienen resultados científicos, y está claro que si los sacas a relucir en tu vecindario ganarás unos puntos como el mayor *nerd* del barrio. A cambio, no habrá quien te gane en una discusión acerca de las condiciones de humedad en la madera.

El método empieza apuntando el peso exacto de los leños. Luego se pican en astillas de 100 gr o menos (no queremos que el experimento nos lleve una eternidad). Cada «leño» se junta otra vez en un manojo que se ata, se pesa y se

PÁGINA 142. El experimento de «secar/pesar» puede llevarse a cabo en un horno de cocina normal. Inunda la casa de un aroma delicioso, pero deja muchas astillas y virutas, así que es mejor hacerlo cuando tu pareja no esté en casa.

mete en el horno a 100 °C (la temperatura óptima son 103 °C). Una temperatura más alta puede afectar la sustancia seca de la leña y revertir los resultados. Se enciende el ventilador del horno para mejorar la circulación del aire, y la puerta se deja entreabierta para que salga la humedad. Un buen olor a leña llenará la cocina.

A intervalos regulares, se sacan los «leños de control» y se pesan. Te irá bien una hoja de cálculo en el ordenador para seguir su evolución. Al cabo de un tiempo, los leños perderán cada vez menos peso, y cuando ese descenso se detiene por completo —cuando el peso se repite en sucesivas lecturas— la conclusión es obvia: los leños han alcanzado el 0% de humedad. En la práctica es posible que conserven una cantidad ínfima, pero la cifra sirve para nuestros propósitos. El peso indica la sustancia seca del leño y, comparándolo con el peso inicial, sabremos el porcentaje de humedad que contenía el leño al principio del experimento. Si también hemos pesado los leños mientras estaban totalmente verdes y a lo largo del proceso de secado, sabremos cuánta humedad había en el árbol cuando se taló, y qué factores han sido decisivos durante el secado. De esta manera se pueden comparar diferentes tipos de secado y ver cómo influye el tiempo, así como encontrar el modelo adecuado para las especies y el clima propios.

El secado en el horno durará varias horas, quizá incluso uno o dos días, dependiendo de lo dura y lo mojada que esté la leña. Para conseguir resultados fiables hay que tomar muestras de todo el diámetro del árbol, ya que la albura de algunas especies tiene una humedad mayor que el duramen de la misma especie. Los leños deben ser una selección representativa de la pila de leña.

¿Cuánto calor obtendré?

1 kg de leña completamente seca ofrece 5,32 kWh de energía, independientemente de la especie de madera. Se obtendrá la misma cantidad de calor si se quema 1 kg de retales de madera que si se quema 1 kg de roble de excelente calidad. (Las excepciones más importantes son la corteza y las ramas de abedul, que dan un 20% más.) Pero en la práctica el resultado es inferior a 5,32 kWh, lo más común es estimar 3,2 kWh por kilo. La pérdida se debe a dos factores: el contenido de humedad de la madera y el hecho de que la estufa no es capaz de sacar provecho de toda la energía. Ya de por sí, un 20% de humedad en la leña reduciría la cifra a 4,2 kWh por kilo (en realidad, el valor desciende un poco más que el porcentaje de humedad, por causas relacionadas con el proceso de combustión).

La otra fuente de pérdida es la estufa. Ninguna estufa es capaz de aprovechar toda la energía de la leña, entre otras cosas porque los gases no combustionan por completo y se pierde calor en la chimenea. Las estufas antiguas suelen tener una eficiencia del 40-60%, mientras que las modernas de combustión limpia se encuentran entre el 60 y el 80%. Una chimenea abierta puede tener no más del 10-15% de eficacia. En Noruega se suele estimar que las estufas modernas son eficientes al 75%. Eso nos deja unos 3,2 kWh por kilo de leña. Si la misma leña se quemase en una estufa con el 40% de eficacia, solo obtendríamos 1,7 kWh, y consumida en una chimenea grande con el 15% de eficiencia apenas calentaría: solo 0,6 kWh. En cambio, si logramos unas condiciones de combustión absolutamente perfectas —algunas calderas de combustión directa tienen una eficiencia del 90%—, y si además logramos secar la leña al 13% de humedad —el mínimo que se puede conseguir al aire en un verano seco—, podríamos obtener hasta 4,1 kWh por kilo de leña.

La combustión con leña verde empeora los resultados en diferentes sentidos. No solo hace falta más energía para que toda el agua se evapore, sino que en la práctica el calor será tan débil que por periodos largos la estufa no tendrá una temperatura de trabajo adecuada. Así, la estufa nunca alcanzará su potencial, por muy buena que sea.

Leña vieja

Una antigua creencia afirma: «Leña vieja, calor escaso», es decir que se cree que la madera pierde energía cuando lleva unos años almacenada. Sin embargo, ciertos estudios del Instituto Noruego de la Tecnología de la Leña muestran que es posible almacenar leña seca entre veinte y treinta años sin que esto suponga una variación significativa en su poder calorífico. Algunos aceites y sustancias volátiles se evaporarán con el tiempo, y el pino es la especie que más sustancias volátiles emite, especialmente terpeno y hexanal (el terpeno es lo que le da el olor característico al panel de pino y a las cabañas de troncos). Aun así, la leña contiene aproximadamente un 6% de hidrógeno, y este proporciona el 33% de la energía calorífica. El hidrógeno desaparecerá poco a poco con el tiempo, pero harán falta entre sesenta y cien años para que la diferencia sea perceptible.

La razón más habitual de que la leña envejezca es que a lo largo de un periodo de almacenamiento largo se haya humedecido un poco o que el proceso de secado haya sido lento desde el principio (véase pp. 46-47). Si la humedad ha sido superior al 25% durante un periodo prolongado, una lenta putrefacción habrá empezado a degradar la madera. Aun cuando el porcentaje de humedad descienda, los hongos continuarán reduciendo el poder calorífico. Una vez en la estufa, esta madera es un auténtico fraude; su aspecto parece normal, pero le cuesta arder y da poco calor.

Además, existen especies de hongos que no descomponen el árbol, sino que actúan en la superficie transversal de la madera y hacen que absorba la humedad del aire con más facilidad. El riesgo de este tipo de hongos es mayor durante el verano, cuando el árbol tiene un 30-40% de humedad relativa, y pueden ser activos incluso al 20% de humedad, pero en este caso no alteran mucho la calidad de la leña.

La combustión de la leña afectada por hongos no supone ningún riesgo para la salud, porque ninguna de las especies comunes tienen esporas que resulten dañinas para las vías respiratorias durante el tiempo que se tarda en ir a buscar la leña y traerla a su cesta. Pero debe almacenarse al aire libre y quemarse bastante rápido.

EG GREV NED MIN ELD
✶ SENT OM KVELD ✶
NAAR DAGEN ER SLUT
GUD GJE MIN ELD
ALDER SLOKNA UT

JØTUL 1940

—

CAPÍTULO 7

LA ESTUFA

«Siempre podéis ver un rostro en las llamas.»

Henry David Thoreau, *Walden*

La gente olvida a sus compañeros de clase. Olvida las vacaciones y sus juguetes favoritos, pero nunca la estufa del hogar donde vivió su infancia. La única capaz de hacer que entrase en calor el cuerpo mojado de un niño de doce años que llevaba jugando fuera un día de febrero entero. El mismo recuerdo de cada tarde: la noche azulada descendiendo sobre la nieve mientras los calcetines de lana gotean y sisean sobre el hierro fundido. No demasiado cerca, no demasiado lejos. Quedarse allí y absorber el calor de las llamas que desprende una estufa con el tiro abierto, mientras las lenguas de fuego dibujan reflejos sobre el suelo de madera.

———

Hay muchas estufas en los países nórdicos. Muchas. Solo en Noruega, 1,2 millones de hogares tienen al menos una, y en Finlandia se estima que puede haber 3 millones. En Noruega y en Dinamarca las más habituales son las de hierro fundido, y así ha sido a lo largo de los siglos, mientras que en Suecia y Finlandia optaban por las estufas aparatosas que se construyen como parte integral de la casa, y que almacenan mejor la energía. El que existan estufas tanto «rápidas» como «lentas» es una sabiduría básica que hoy por desgracia mucha gente ignora. Las estufas de hierro rápidas calentarán en poco tiempo una casa fría, pero con una estufa lenta es más fácil mantener una temperatura estable, sobre todo si la vivienda está bien aislada.

Los fabricantes de estufas escandinavos siempre se han dedicado a la investigación y al desarrollo de productos, tanto para estar al quite de las innovaciones de diseño como para aprovechar mejor la leña y reducir las emisiones. La gama de estufas es amplia, desde los modelos adustos y funcionales hasta las síntesis elegantes entre la bioenergía y el diseño de salón moderno, pasando por las joyas de hierro fundido, que revelan una apasionante historia industrial. Durante el periodo en que Dinamarca y Noruega compartieron el mismo rey, antes de 1814, Noruega tenía el monopolio de la producción de estufas, que adaptaba a las necesidades de cada clase social. Antaño había fabricantes de estufas en todas las regiones noruegas, entre otras cosas porque era difícil transportar algo tan grande por todo el país (con la honorable excepción sueca del colono de la novela *Música popular de Vittula*, de Mikael Niemi, que no solo carga una estufa de hierro sino también a su mujer embarazada sobre la espalda a través de dos regiones para fijar domicilio en Norrland). Para las generaciones anteriores, el criterio principal era que la estufa calentase bien a un precio razonable; en cambio hoy las estufas son una parte importante de la decoración de una casa, y hay quien está dispuesto a pagar mucho dinero por el diseño. Cuando en los años noventa aparecieron las estufas limpias, se inició la sustitución a gran escala de las estufas de los hogares, sobre todo en Noruega y en Dinamarca. Claramente, el diseño ha contribuido a este progreso medioambiental.

En los departamentos de marketing de los fabricantes, ya hace tiempo que se percataron de que, a la hora de adquirir una estufa, la última palabra la tienen quienes más se interesan por el diseño. Un estudio de mercado de 2002 reveló una secuencia de acontecimientos asombrosamente similar en las ventas: se le pedía al hombre de la casa que saliera a comprar una estufa. Cuando regresaba y presentaba el resultado de la búsqueda, la esteta de la familia lo rechazaba. La esposa se metía en el coche, examinaba las diversas opciones y la elección caía sobre otra distinta. El estudio mostró que, en nueve de cada diez casos, la decisión la había tomado una mujer.

La revolución de la energía limpia

La diferencia entre una estufa antigua y una de combustión limpia es que esta última tiene un suministro adicional de aire precalentado, que asegura que los gases se enciendan y se quemen incluso si solo se quiere calentar de manera

PÁGINA 146. La Jøtul 118 con su famosa oración medieval. Véase la traducción en la página 168.

PÁGINA 148. Noruega es líder mundial en el diseño de estufas y la tecnología de combustión. Esta es la Kube 5, una estufa de esteatita de Granit Kleber, en Otta, en Gudbrandsdalen. Combina la tecnología de combustión limpia con un buen almacenamiento del calor.

PÁGINA 149. La Drafn fue una de las bonitas estufas de cocina que produjo la empresa de fundición de hierro Drammen Jernstøperi. Aquí se ve una 33H de los años veinte, impecablemente restaurada por Helge Løkamoen, de Notodden, que dirige un «centro de acogida» para estufas antiguas.

La estufa Jøtul 116 apareció en el mercado a principios de la Segunda Guerra Mundial, y luego se hizo célebre como el número 602, la estufa más fabricada del mundo. Justo después de la guerra, en 1945, apareció la variante Pax. Tras un breve paréntesis en la producción, la clásica 118 vuelve a estar en el mercado, ahora con menos decoración en los paneles laterales. Los anuncios son del periódico *Aftenposten* (22 de enero de 1941).

Muchos noruegos conocen de memoria el verso inscrito en el lateral de la estufa Jøtul 118 (véase en las páginas 146 y 168). Es una oración de hoguera de la Edad Media, y en su origen se recitaba por la noche mientras se removían las últimas brasas. Antes se creía que las llamas mantenían alejadas a las fuerzas malignas, que podían adentrarse en la casa si las brasas de la estufa se apagaban. El verso también jugaba un papel importante en el día de Eldbjørg, el 7 de enero, el día del fuego según el antiguo calendario noruego. Era una fiesta sacrificial, y se pensaba que entre otras cosas contribuiría a prevenir los incendios en los hogares en el nuevo año. Tanto la oración del fuego como la celebración del día siguieron practicándose en Noruega hasta los años veinte.

moderada. Estas estufas también consumen menos leña. Básicamente, una estufa antigua aprovecha un 40-60% de la energía que hay en la leña, mientras que un modelo de combustión limpia aprovecha el 60-80%. Algunas estufas especiales tienen una eficiencia de hasta el 92%, y en cualquier caso la tecnología reduce de forma considerable las emisiones de partículas. Hoy día existen estufas con emisiones tan bajas como 1,25 gr de partículas por kilo de leña quemada.

Con toda la atención que han recibido en los últimos tiempos las estufas de combustión limpia, merece la pena recordar que este tipo de combustión ha sido siempre un objetivo para los fabricantes por la sencilla razón de que cuanto más «limpia» sea una estufa más energía se extraerá de cada leño. Y cuanto más calor emita una estufa, más éxito tendrá en el mercado. Las estufas antiguas también pueden quemar la mayor parte de los gases de humo, pero solo consiguen hacerlo si se calientan intensamente con el respiradero de aire abierto de par en par. Algunas estufas de cocina suecas precalentaban el aire, y muchas estufas de masa finlandesas y de hierro fundido noruegas (por ejemplo las antiguas Jøtul 602 y 118) tenían cámaras de combustión de humo separadas. Si la leña se quema intensamente, estos modelos pueden ser casi tan eficientes como una estufa moderna, pero siempre emitirán más partículas.

La estufa del futuro

El grupo SINTEF (Fundación de Investigaciones Científicas e Industriales), con sede en Trondheim, Noruega, alberga uno de los mejores centros de investigación del mundo en temas de combustión, y contribuye activamente al desarrollo de las estufas noruegas. Curiosamente, SINTEF considera que las últimas innovaciones son consecuencia directa de los cambios sociales. Antes era habitual vivir en familias grandes, con tres generaciones bajo el mismo techo: hijos, padres y abuelos. La calefacción era la tarea de los abuelos. Ahora solo viven juntos los padres y los hijos, y los ancianos viven solos o en residencias. Durante la mayor parte del día no hay nadie en casa: están trabajando o estudiando. En otras palabras, la sociedad ha pasado por un desarrollo que hace que las viviendas se enfríen más durante el día, a no ser que tengan un sistema de calefacción de mantenimiento con electricidad, *pellets* o fueloil. Los edificios modernos también están mejor aislados. Las antiguas estufas de hierro fundido eran de combustión relativamente limpia mientras se calentaran con intensidad, algo que por otra parte hacía falta, ya que las casas eran frías y tenían corrientes. Pero la manera antigua de calentar ya no es compatible con las casas modernas de hoy, en las que la temperatura se vuelve sofocante si se calienta con la misma intensidad. Los análisis de SINTEF muestran que gran parte de la contaminación de las estufas se debía a que la gente regulaba el calor cortando el suministro de aire, con frecuencia en estufas de gran tamaño. Así, las estufas contaminaban mucho más y se desaprovechaba una parte significativa de la energía de la madera.

Las estufas de combustión limpia ofrecieron una solución a este problema, y a menudo eran un poco más pequeñas. Ahora los esfuerzos se concentran en diseñar una generación de estufas adaptadas a la composición familiar, la situación laboral y las casas de bajo consumo energético que suelen permanecer vacías durante el día.

Ya existen prototipos de estufas que se alimentan a sí mismas, de tal manera que el leño solo se consume por una punta, como un cigarrillo. Otra opción es la estufa híbrida, que puede consumir tanto leña como *pellets,* y mantiene la casa caliente sin supervisión. Lo curioso es que por primera vez en la historia los fabricantes tienen como objetivo producir estufas que emitan *menos* calor, que quemen con eficiencia las cargas de leña ligeras y en las que cada suministro dure mucho tiempo. Sin embargo, existen numerosas maneras antiguas de almacenar el calor, ya sea en forma sólida o en agua, y el interés por estos métodos también se ha incrementado, sobre todo para las casas de energía cero o «pasivas», que están extremadamente bien aisladas.

Instalación y mantenimiento

Debemos familiarizarnos con dos conceptos básicos y útiles para entender la función de la estufa: el tiro es la corriente que se produce dentro de la chimenea por la diferencia entre la temperatura interior y la exterior. El suministro de aire equivale al aire fresco que la estufa chupa por el respiradero y que se consume durante la combustión. El tiro y el suministro de aire son compañeros, pero afectan a la combustión de diferentes maneras. Sin tiro, la estufa no absorbería aire. El suministro de aire determina la intensidad de la combustión, mientras que el tiro afecta a varios procesos. Todas las estufas tienen un nivel de tiro con el que funcionan de manera óptima. Con frecuencia, los fabricantes reciben la queja de que al tubo de humos le falta tiro y entra humo en la habitación, pero demasiado tiro tampoco es bueno, porque en ese caso el humero le robará calor a la estufa, se perderá tiempo de combustión y los gases no tendrán manera de consumirse. Síntomas de ello son las llamas largas y amarillas que se estiran hacia la cámara de aire. Por desgracia las leyes de la naturaleza son crueles, y el tiro aumenta cuando baja la temperatura exterior, así que precisamente en los días fríos es cuando el calor se desperdicia.

Por suerte, esto tiene remedio. El tiro se puede frenar con un regulador que se instala a posteriori en el tubo de humos. Se ajusta de forma manual según las condiciones, y reduce el tiro entre un 0 y un 70%. El regulador se abre durante el encendido, pero luego se baja para aprovechar bien la leña y que el fuego arda con calma, a poder ser con una lumbre azul en el centro de la llama. Así la estufa tampoco estará tan hambrienta de leña y la combustión será más limpia. Si por el contrario el tiro es malo, puede remediarse con un extractor de humo. Hay modelos que se ajustan automáticamente.

Unos tubos de humos largos mejorarán la eficacia de la estufa en torno a 1 kv/m. El calor siempre asciende, y si hay poca gente y poco movimiento en la habitación quizá convenga instalar un ventilador eléctrico que haga circular el aire caliente. Los ventiladores de palas grandes pueden mover mucho aire sin hacer demasiado ruido. Los pequeños deben colocarse cerca de la estufa. El fa-

bricante canadiense Ecofan produce modelos que se instalan directamente sobre la estufa y funcionan sin electricidad: el calor activa un elemento termoeléctrico que hace girar el motor del ventilador.

Los aficionados que quieran adquirir conocimientos fiables acerca de la calidad de la leña y la combustión pueden invertir en un termómetro, ya sea para medir la temperatura de la superficie de la estufa o la de los gases de combustión. Estos datos aportan conocimientos sorprendentemente buenos acerca del funcionamiento de la estufa y de la cantidad de leña ideal. Hay que tener en cuenta que algunos termómetros están diseñados para medir la temperatura de los gases dentro de la estufa, así que la escala indica el doble de la temperatura de la superficie en la que está montado el termómetro. La temperatura de la superficie puede medirse con un termómetro infrarrojo.

El principal mantenimiento que necesitan tanto la estufa como el interior del conducto de humos es una limpieza periódica. Conviene hacerlo al menos una vez cada invierno, ya que el hollín aísla tanto que una capa de tan solo 3 mm conllevará una pérdida de calor del 10%, puesto que este no se transmite por el hierro sino que sale por la chimenea. Media hora de trabajo con un cepillo de alambre y una aspiradora de ceniza puede incrementar la eficacia de forma considerable. El Instituto de Deshollinado en Trondheim ha realizado estudios que muestran que nueve de cada diez estufas emiten mucho más calor una vez limpias, la media es una mejora del 30%. En otros tiempos, muchos cuarteles del ejército noruego se calentaban con leña, sobre todo en Finnmark, y uno de los deberes de los soldados era limpiar las estufas por dentro cada cierto tiempo. Muchos soldados pensaban que se trataba de una imposición penosa e innecesaria, pero el objetivo real era que las estufas siguieran calentando bien.

Examina la estufa con frecuencia, sobre todo para ver si tiene grietas. Hay que cambiar las cintas de aislamiento que se hayan despegado; si no, correrá aire por fuera de los canales controlados y el rendimiento será menor. Si la estufa tiene puerta de cristal, puede limpiarse mojando papel de periódico o una esponja, que luego se mete en ceniza y se frota contra el cristal. En Noruega existe la creencia popular de que la ceniza se convierte en lejía, pero lo que limpia el cristal es la fricción.

Tipos de estufas

Fogón abierto / chimenea. La hoguera doméstica original. Así fue como el ser humano domesticó el fuego, y hoy día nada nos acerca tanto a la magia de las llamas y al calor radiante como el fogón abierto. En casas de piedra, tanto el fogón como el tubo de la chimenea suelen ser una parte integral de la construcción, con

Página 154. El genio de los tiempos pasados: la estufa escalonada ofrecía un área de superficie grande que retenía una cantidad considerable de calor. Esta es una Kragerø 45 de aproximadamente 1900.

frecuencia en forma de una pared baja. En los países nórdicos las casas suelen ser de madera, y lo más tradicional es un fogón de piedra que se coloca en una esquina, conectado a un humero independiente de hormigón o ladrillo. Para quemar pino y otras coníferas en la chimenea se suele usar un salvachispas de rejilla, a menudo con diseños que crean sombras y siluetas con la proyección de las llamas.

Por desgracia los fogones abiertos tienen grandes inconvenientes. Solo almacenan el calor en la piedra de la que están hechos, el resto de la energía sale en la forma de radiación infrarroja, de modo que son el tipo de calorífero que menos calor emite. Es mucho más difícil, por no decir imposible, conseguir una combustión completa, ya que el fuego no recibe la turbulencia y la condensación del calor que brinda una combustión en cámara. Puesto que emite más humo y hollín, en muchas zonas urbanas están prohibidos los fogones abiertos. Pero si se usa de manera consciente, la contaminación se reduce de forma considerable, sobre todo si la leña se enciende desde arriba (véase la página 172) y se supervisa el fuego a intervalos regulares. Es importante alimentar el fuego de leña con regularidad para asegurarse de que tiene llamas bien visibles o brasas y no está humeando. Una buena costumbre es dejar siempre una buena capa de ceniza en el fogón, ya que conservará el calor de las brasas durante mucho tiempo después de apagarse el fuego.

La estufa de hierro cerrada. La más habitual en Noruega es el modelo rectangular, en forma de caja, de hierro fundido y con la puerta situada en el lado corto. En Noruega se conocen como «estufas de bosque» o «estufas negras». Las estufas de este tipo dan mucho calor, incluso si son pequeñas, y son bastante fáciles de encender. Ya que la mayoría son planas por arriba, también ofrecen la posibilidad de cocinar sobre ellas y algunas vienen equipadas con una placa de cocina de hierro torneado. Con una estufa así, podrás soportar varios días sin electricidad. Precisamente en las situaciones críticas, lo fácil y lo pragmático tiende a revelar sus cualidades.

Los modelos más conocidos de fabricantes escandinavos son el danés Morsø 2B y el noruego Jøtul 602. Ambos datan de los años treinta y siguen en producción, ahora con un diseño de combustión limpia. Del último se han fabricado más de un millón de ejemplares, lo cual lo convierte en la estufa más vendida del mundo. Este pequeño clásico cuadrado con su respiradero de aire redondo es uno de los mayores éxitos de exportación de la industria noruega. El diseño se copió ilegalmente en Japón y Taiwán, y Jøtul se pasó años demandando a los piratas en tribunales internacionales. El motivo lateral muestra el león heráldico tal y como se representaba en 1844, durante el reinado de Oscar I, rey de Suecia y Noruega. El león alza un hacha con el mango tan largo que el propio animal apoya sobre él las patas traseras.

La estufa de hierro con puerta de cristal. La desventaja de la estufa de hierro clásica es que pierdes el placer de contemplar las llamas, y, de paso, la posibilidad de vigilar la combustión con la misma frecuencia. Por ello las estufas norue-gas y danesas más populares son, con diferencia, los modelos altos con líneas curvadas y grandes puertas de cristal. Otra ventaja del cristal es que la estufa emite radiación infrarroja, olas de energía que se convierten en calor en el momento en que entran en contacto con el cuerpo. En la práctica, con esta estufa es más fácil mantener una combustión limpia, ya que siempre se ve si la combustión se hace más lenta o la estufa empieza a emitir humo, de forma que resultan muy apropiadas en zonas urbanas. Los grandes fabricantes noruegos y daneses están invirtiendo la mayor parte de su dinero en el desarrollo de este tipo de estufas, esforzándose por combinar los diseños modernos con las emisiones bajas y el alto rendimiento. La forma de este tipo de estufas impide quemar leños de más de 30 cm, pero su eficiencia lo contrarresta.

Estufas de esteatita. La esteatita se encuentra en casi toda Noruega y desde hace trescientos años se emplea para hacer estufas. En general, la piedra es un buen material para el almacenamiento del calor, pero la esteatita es una categoría aparte. Al ser muy porosa, guarda el calor el cuádruple de tiempo que el granito. Así que las grandes estufas de esteatita pueden mantener caldeada una casa muchas horas después de que el fuego se haya apagado. La capacidad para conservar el calor depende del grosor de la piedra: si la estufa es muy grande, a veces es necesario reforzar el suelo. La empresa Granit-Kleber de Gudbrandsda-len, en la región de Oppland, produce una amplia gama de elegantes estufas de esteatita, diseñadas para que resalte la preciosa superficie de la piedra. La tecnología utilizada para las cámaras de combustión es de última generación.

La salamandra. Un relato extendido desde la mitología griega es el de la relación entre la salamandra y el fuego —hasta tal punto que, en español, la «salamandra», se usa con frecuencia como término genérico para las estufas—. La salamandra común está extendida por toda Europa. Su piel es oscura con manchas amarillas, y se decía que nacían del fuego. Pueden hibernar en madera podrida, y cuando alguien echa un tronco a una fogata, de repente salen disparadas de los leños y corren a esconderse a un lugar seguro. Algunas estufas tenían motivos de salamandras en relieve en el fondo de la estufa, y se vislumbraban entre las llamas.

El término salamandra suele referirse a las estufas independientes con doble cámara de combustión, que también se conocen como «estufas Franklin». Probablemente la etimología de este ultimo término se deba a que Benjamin Franklin fue uno de los primeros en patentar un sistema que debía mejorar el rendimiento de las estufas abiertas, aunque su patente tiene poco que ver con las estufas que se producen actualmente.

La cocina de leña. Una estufa baja con horno integrado y placas de cocina da siempre mucho calor a la estancia. Añade café hervido servido de una jarrita y el ambiente está asegurado. Hasta bien entrados los años cincuenta, la cocina de leña era el estándar de los hogares nórdicos, y los ejemplares que han sobrevivido en la era de la electricidad tienen décadas de uso grabadas en su hierro fundido. Las cocinas suelen ser anchas y profundas, con espacio para ollas grandes, y van equipadas de una bandeja de ceniza que se puede vaciar mientras la estufa está encendida. Las placas suelen tener aros sueltos para optimizar la eficacia. El material grueso hace que la cocina mantenga una temperatura constante. Normalmente se alimenta con álamo temblón o abeto muy picado, porque permiten controlar bien la temperatura.

Las cocinas de leña no eran ningún juguete, sino instalaciones firmes y funcionales, el pulso palpitante del hogar. Incluso hoy, los jactanciosos usuarios podrían quedarse asombrados ante su eficiencia: en un visto y no visto arrancan a hervir grandes ollas de agua, y el calor del horno es sorprendentemente estable. Entre otros, podemos citar al sueco Josef Davidssons Eftr como fabricante de cocinas de leña. En Italia, La Nordica tiene una buena gama de modelos de horno amplios y de acabado contemporáneo.

La estufa escalonada. Un tipo de estufa originario de Noruega que tuvo mucho éxito en su día por su brillante solución a un eterno problema: ¿cómo sacar provecho de todo el calor de la estufa antes de que desaparezca por la chimenea? La solución fue guiarlo por un laberinto que le daba una superficie de contacto mayor antes de salir. Las estufas escalonadas fueron una instalación valiosa y solicitada desde su aparición a principios del siglo XVIII. En ellas, la forma y la función se complementaban de manera extraordinaria, y desde el primer momento las fundiciones se esforzaron al máximo por aprovechar su potencial estético. Con frecuencia llegaban a medir 2 m, y todas las superficies visibles estaban decoradas. Los conductos de humo consistían en muchas placas relativamente finas, un sueño para cualquier fundición creativa. El único modelo que se produce hoy en Noruega es el Ulefos 179, con dos o tres escalones. Las estufas de varios niveles se consideran tesoros de la herencia cultural noruega, por eso está permitido instalarlas aunque no sean de combustión limpia, pero se necesita un permiso de exportación para venderlas a otros países.

Estufa cerámica. Una institución sueca. El aura de cultura y refinamiento que envuelve a estas estufas no se limita a una cuestión estética y de confort. El principio en el que se basan es una genialidad que ya ha cumplido un cuarto de milenio, y su modo de funcionar adquiere relevancia para las casas bien aisladas de nuestros tiempos que se quedan vacías durante el día. Se trata de una estufa «lenta», que almacena el calor y lo va emitiendo paulatinamente una vez se ha apagado el fuego.

PÁGINA 159. Las modernas estufas de combustión limpia, como esta Jøtul 473, convertirán los gases y las partículas contaminantes en calor. Como se aprecia en la fotografía, la leña se quema desde arriba, según el método que se describe en la página 172.

La idea básica se asemeja a la de la estufa escalonada, pero la cerámica está hecha de ladrillos y tiene un conducto considerablemente más largo para el humo. El calor se almacena en los ladrillos del interior. La capa exterior está hecha de azulejos cerámicos, de modo que las posibilidades de decoración y adornos son casi ilimitadas. La estufa fue desarrollada en Suecia a principios del siglo XVIII, con el país al borde de una crisis de leña. Supuso una revolución, no solo en términos de consumo de leña sino también porque con ella la gente tuvo más tiempo para dedicarse a otras tareas y el fogón dejó de ser el único punto de reunión a lo largo del invierno. Tras un intervalo de unos ochenta años, de nuevo Suecia trabaja para desarrollar los principios básicos de las estufas cerámicas, que son excelentes para las casas modernas. Solo hay que abastecerlas dos o tres veces al día, y emiten un calor agradable y estable. El modelo sueco Cronspisen alcanza una curva de calor de unos 3.000 vatios al cabo de seis horas, y la fábrica ha conseguido que emitiera 1.000 vatios hasta veinticuatro horas después de apagarse el fuego.

Estufa de masa, o finlandesa. Estas estufas, de gran masa térmica, son el orgullo nacional de Finlandia y un pariente cercano de la estufa de cerámica. Pueden ser muy pesadas (no es raro que pesen más de 3,5 toneladas), y hay que construirlas en el lugar. Están hechas de ladrillos y arcilla, y de nuevo el principio es que la piedra se calienta mediante un ingenioso sistema de conductos y varios niveles de aire caliente subiendo hacia la chimenea. Las estufas de masa suelen tener dos cámaras; la interior solo quema los gases de humo. Con un alto rendimiento, la superficie de las mejores puede mantener el calor veinticuatro horas después de haberse apagado. El inconveniente es que son relativamente caras y no se pueden mover, pero consumen poca leña en comparación con el calor que se obtiene, y a menudo basta con alimentarlas una vez al día para mantener caliente la casa. Es habitual equipar las estufas de masa con hornos para preparar pan o pizza, ya sea en cámaras separadas o directamente en la cámara de combustión de gases.

Horno de leña. En realidad, se trata de un horno especial para preparar comida, pero nos permitimos el lujo de mencionarlo aquí porque se parece al horno de masa. El calor se almacena en mampostería de ladrillos o tejas, pero el principio básico es que se cocina dentro de la misma cámara en que arde la leña. Esta se quema con intensidad, de tal manera que la piedra quede incandescente de calor y limpia de hollín (las paredes deben quedar blancas de calor); después se recoge la ceniza y se introduce la comida. En los hornos grandes, la piedra se mantiene caliente tanto tiempo que se pueden cocinar muchas bandejas.

Otra excusa para mencionar este horno es que permite, ya sea por diversión o en una situación de emergencia, preparar pan o pizzas en una chimenea moderna normal y corriente. Primero se limpia la chimenea de hollín y se pasa un cepillo por las paredes. A continuación se añade la leña, a poder ser de árboles caducifolios, y con fuego intenso para que la cámara quede limpia de hollín y cenizas. La leña se enciende desde arriba (véase el capítulo siguiente). En cuanto se apagan las llamas, se aplanan las brasas y se ponen unos ladrillos resistentes al fuego encima. Hay que asegurarse de que estos no emitan sustancias tóxicas. Una vez que los ladrillos estén bien calientes, las brasas habrán colapsado, y entonces se pone la comida encima de la piedra. Las brasas no tienen por qué haberse apagado del todo, ya que a estas alturas habrán dejado de emitir humo. Las pizzas y los panecillos se cocinan asombrosamente rápido y bien de esta manera.

Las calderas. Cuando la energía de la leña se alía con el líquido, se observa un salto enorme en su rendimiento. Por desgracia, el aire es un conductor traicionero del calor, ya que es difícil dirigirlo en otra dirección que no sea hacia arriba. El agua es un conductor térmico mucho más grato, y la aparición de la calefacción central a finales del siglo XIX inauguró una revolución a la hora de calentar los edificios altos, incluso abrió el paso a una nueva arquitectura. El principio es el mismo que se utiliza en mayor o menor escala hoy día: una fuente de calor potente calienta una reserva grande de líquido, que se bombea por la casa a radiadores o a suelos, y con frecuencia provee de agua caliente.

Existen muchas calderas de leña que aprovechan el proceso de combustión de una manera mucho más sofisticada que una estufa estándar. Todos los modelos modernos son de gasificación: la leña se calienta de forma controlada y se quema en una cámara aparte. (De hecho, se trata del mismo método que empleaban los vehículos durante la Segunda Guerra Mundial, que llevaban una gran caldera montada en la parte de atrás, llena de pequeñas astillas de álamo o aliso que combustionaban sin humo; de allí salían los gases por un tubo hasta la mariposa de admisión.) La gasificación es una tecnología que permaneció décadas dormida, y las calderas antiguas solo tenían una cámara de combustión, igual que una estufa tradicional. Ahora se está redescubriendo y combinando con sensores de control de temperatura y de gases de humo. La leña calienta de forma controlada y los gases pasan a una segunda cámara donde tiene lugar la combustión. Las válvulas y los extractores de aire se ajustan de forma automática para una combustión limpia e ideal. Por lo general, las calderas pequeñas para casas particulares se alimentan una o dos veces al día durante el invierno, pero las reservas de agua realmente grandes pueden conservar el calor durante varios días. Algunos modelos envían un mensaje a un panel de control en la cocina para indicar que la leña se está acabando. Muchas calderas tienen depósitos de leña de 100-200 litros o más, y la longitud de la leña suele ser de 50-120 cm. Algunos entusiastas de las calderas convierten en una cuestión de honor el disminuir sus gastos de electricidad durante el invierno, ya que sus calderas eliminan la necesidad del calentador de agua eléctrico. Existen muchas calderas para edificios grandes, y estas instalaciones pueden dar una posición más prominente a la madera en una economía verde y moderna.

PÁGINAS 162-163. Arne Odmund Herstadhagen no pasará frío cuando llegue el invierno. Su trabajo con la leña empieza a principios de la primavera. Los leños cortos o de tamaño irregular se ponen en la canasta de secado; los rectos y lisos harán buenas piezas para las sólidas pilas alargadas que vemos delante.

—

CAPÍTULO 8

EL FUEGO

«Abro la puerta de hierro forjado, donde los leños de abedul yacen enroscados como culebras rojas y doradas, y pequeñas llamas verdes y azules sisean y chispean desde la ceniza. Se me ocurre que es un truco ancestral, tal vez el primero, cuando se trata de apaciguar tanto a jóvenes como a ancianos. Así nos hemos reunido, durante cientos miles de años.»

Ingvar Ambjørnsen, *Opp Oridongo*

Por fin ha llegado la hora, esa estación hermosa y fría. Tal vez sea un día a finales de octubre. Dejaste el climatizador a tope, pero la casa sigue helada. Has estado conduciendo con la calefacción del coche tirando a plena potencia. Y entonces te das cuenta: ya está aquí el invierno. Tiempo de darse un paseo hasta la leñera y ponerse en marcha.

La hora de la verdad llega justo después de Navidad: ¿tienes leña suficiente? Porque un hombre puede escatimar con el precio de un regalo de cumpleaños y aun así será perdonado; puede olvidar una y otra vez pedir muebles nuevos para el jardín, u optar por un nuevo garaje antes que llevar a su familia de vacaciones al Mediterráneo. Pero el que deja que su familia pase frío en invierno..., ese no tiene perdón.

Cuando se enciende la estufa por primera vez a finales del otoño nunca está de más dedicar unos segundos a la reflexión. Cada vez que encendemos una cerilla, tenemos entre los dedos uno de los inventos más importantes de la humanidad. Durante miles de años, mantener vivo el fuego era una cuestión de vida o muerte, y el fuego es un elemento poderoso para casi todas las religiones. Desde el inicio de los tiempos, era la hoguera la que mantenía alejados los peligros del frío y de la noche, y quienes permanecían cerca de ella se veían recompensados con calor y seguridad. La luz era lo bueno; la oscuridad, lo malo. Al mismo tiempo, el fuego, cual dios severo, tenía fuerzas poderosas y aniquiladoras.

Todos los pueblos del mundo han hecho uso del fuego, pero hasta el siglo XIX seguía habiendo unas pocas tribus que no sabían encenderlo. Lo obtenían, o bien de otras tribus, o de incendios forestales causados por los rayos, y se preocupaban por guardar las brasas. Probablemente la hoguera que más tiempo lleva ardiendo sea la del templo de Zoroastro en Yazd, Irán, cuya llama no se apaga desde el año 470 d. C. Los curas alimentan el fuego, por lo general, con madera de melocotonero y almendro. Se ha movido en tres ocasiones: primero en 1174 y luego en 1474, antes de llegar a su emplazamiento actual en 1940.

Las antiguas creencias populares noruegas contaban con reglas estrictas para dominar el poder del fuego, y en un libro de estatutos de 1687 se advertía que si alguien se interponía entre una mujer embarazada y el fuego que la calentaba, el niño que llevaba nacería bizco. Una de las celebraciones más espectaculares del fuego tiene, en realidad, origen noruego: la fiesta Up Helly Aa que se celebra en las islas Shetland, en Escocia. Se trata de una embriagadora mezcla de fiesta posnavideña y conmemoración de la historia de las islas como pasado territorio noruego. En su momento cumbre, botan al mar pequeñas naves vikingas y les prenden fuego. Las secuelas de semejante celebración son tales —con sus antorchas, cascos vikingos, desfiles, cantos y brebajes oscuros— que el día siguiente es festivo en todo Shetland. Allí mismo, además, si te mudas es tradición llevarse las brasas de la casa antigua a la nueva.

Una inscripción en la clásica estufa Jøtul 118, que se ha exportado por todo el mundo, constituye otro recordatorio de lo importante que ha sido siempre la madera en Noruega. El texto dice: «Entierro mi fuego tarde en la noche. Cuando se acabe este día, Dios conceda que mi fuego nunca se acabe». Es una oración de hoguera de la Edad Media, y en su origen se recitaba por la noche mientras se removían las últimas brasas. Antes se creía que las llamas mantenían alejadas a las fuerzas malignas, que podían adentrarse en la casa si las brasas de la estufa se apagaban. El verso también jugaba un papel importante en el día de Eldbjørg, el 7 de enero, el día del fuego según el antiguo calendario noruego. Era una fiesta sa-

PÁGINA 166. Un climatizador será incapaz de caldear esta cabaña de Gullhaugen, en Fåvang. Seguro que hay una buena reserva de cerillas en ella.

PÁGINA 167. Una hoguera que arde bien no emitirá mucho humo desagradable. Un buen truco es asegurarse de que el punto más caliente está en lo alto de la hoguera.

Antaño, en todas las casas noruegas había una cocina de leña. Hoy, la estufa italiana La Nordica proporciona el mismo placer y eficiencia. Llenará de calor una habitación o una cabaña, y permitirá preparar agua caliente y toda clase de platos.

crificial, y se pensaba que entre otras cosas contribuiría a prevenir los incendios en los hogares en el nuevo año. Tanto la oración del fuego como la celebración del día siguieron practicándose en Noruega hasta los años veinte.

El proceso de combustión

Encender el fuego parece una tarea sencilla, pero puede convertirse en fuente de sorprendentes dificultades, envueltas en humo y frustración. Fallar con el encendido nos aboca a una descorazonadora sensación de derrota, que para algunas personas puede alcanzar dimensiones irracionales, posiblemente relacionadas con el miedo del hombre ancestral a que el fuego se apagara. Lo más importante para el encendido es saber qué sucede en realidad cuando arde el carbón vegetal. Una vez que lo entendamos, lo conseguiremos cada vez, siempre que la leña esté seca.

Básicamente hay tres fases: la evaporación, la emisión de gases y la incandescencia. Cuando se pone un leño en el fuego, lo primero que ocurre es que la humedad que tiene dentro empieza a evaporarse. Esto le roba energía al resto del fuego (y es la razón por la que la leña verde nos resta calor). Una vez que el leño está lo bastante seco, sube la temperatura y la leña comienza a emitir gases y humo, y también llamas, en una segunda fase. Parece que el leño ha prendido, en cambio ha pasado algo que puede resultar sorprendente: al principio lo que vemos arder no es la leña en sí, las llamas se deben a la combustión de los gases que están saliendo de la leña. Simplificando un poco, podríamos decir que la leña arde seca hasta que los gases empiezan a filtrarse y luego estos prenden

Los gases de la madera no son gases de escape. Son ricos en energía, y cuando la combustión es completa apenas salen un poco de vapor y humo claro por la chimenea. El resto se ha convertido en calor.

fuego al entrar en contacto con aire fresco y a cierta temperatura. Cuando a la madera no le queda más gas, comenzará la tercera y última fase. La leña se habrá convertido en carbón vegetal incandescente a una temperatura de 550 °C o más. Ahora que se han consumido los gases de la madera, hace falta menos aire. En realidad, las tres fases tienen lugar al mismo tiempo y se alimentan unas a otras.

Encender el fuego

Una sola cerilla no logrará que prenda un buen tronco. Todos los fuegos deben crecer, y el proceso siempre debería implicar tres fases, con tres materiales diferentes.

Los verdaderos puristas sostienen que para encender una estufa hay que usar los mismos materiales que para una hoguera al aire libre: primero corteza de abedul, luego ramas secas que, una vez que ardan enérgicamente, podrán prender fuego a los leños más gruesos.

Otro clásico es usar papel de periódico arrugado (los románticos prescribirán un diario local con el crucigrama a medio hacer). Las revistas no sirven para el encendido, porque el papel estucado contiene un 50% de minerales industriales, es decir, piedra. Arde muy mal y deja cantidades enormes de ceniza.

El inconveniente de usar papel de periódico es que el tiempo de combustión es corto, necesita mucho oxígeno para arder y hay que poner la leña de encendido en su sitio *antes* de prenderle fuego al papel. Por ello las pastillas de encendido o de queroseno son una excelente alternativa. Calientan en un punto muy concentrado, pero pueden arder durante varios minutos, y es posible colocar la leña de encendido encima mientras se están consumiendo.

Si se añaden pequeñas astillas de abeto, habrá suficiente calor como para prender fuego a madera más pesada.

No dudes en usar papel o pastillas si la estufa es difícil de encender. Lo mejor para el medioambiente es que el fuego se encienda cuanto antes, para que se consuman los gases de humo. Asegúrate también de conocer la función del regulador del tiro y del respiradero de tu estufa. Si la casa está fría y hay poca diferencia entre la temperatura exterior e interior, habrá poco tiro, y no pasa nada por abrir la mano con el material de encendido. Una vez que la estufa esté caliente, el tiro irá bien y será fácil mantener el fuego.

La técnica del valle y el puente

Una manera tan versátil como efectiva a la hora de iniciar un fuego es la llamada «técnica del valle y el puente». Se ponen dos leños el uno al lado del otro con 10-15 cm de distancia para crear el valle, y entre ellos se colocan bolas de papel de periódico o pastillas de encendido. De manera transversal, sobre los leños, como si fuera un puente de tablas sobre un barranco, se colocan astillas delgadas. Esto funciona porque la leña de encendido permanece bien levantada sobre la ceniza, de tal manera que recibe aire desde abajo.

Existen variantes: un buen truco es poner un leño delgado perpendicularmente sobre el puente. Una vez que la fina leña de encendido que hace de puente lleve un rato quemando, se vendrá abajo, y el leño ardiente caerá y encenderá el valle.

La turbulencia es importante para el encendido, porque cuando la temperatura es baja, el oxígeno se resiste a mezclarse con las moléculas que emite la leña. La turbulencia hace que el oxígeno bombee los gases de humo y estos se inflamen. Esta es la razón por la que el fuego arde mejor si la puerta de la estufa se deja entreabierta. Algunas casas están tan bien aisladas que conviene abrir una ventana durante el encendido.

Una herramienta sencilla y muy eficiente tanto para el encendido como a la hora de añadir leña es el soplete. Puedes hacerlo tú mismo con un tubo metálico de 2-3 cm de diámetro y 70-80 cm de longitud. Uno de los extremos debe cerrarse un poco, de ese modo la velocidad del aire aumentará considerablemente. Si se sopla contra las brasas o las llamas, incluso el fuego más débil cobrará una vida formidable, mucho más que con un fuelle.

Una chimenea necesita un buen tiro hacia arriba, y este se crea porque el aire caliente es más ligero que el frío. En días de grandes variaciones de temperatura, es posible que el aire en el tubo de humos esté más frío que el del exterior; el tiro irá hacia el lado contrario, y el aire querrá salir a la habitación. Es algo frecuente en las cabañas que han pasado vacías más de una semana, y mucha gente llama al deshollinador porque cree que un búho se ha quedado atascado en la chimenea. En tales circunstancias, se puede quemar papel de periódico unas dos o tres veces dentro de la estufa. El proceso puede producir bastante humo, pero el tiro llegará en cuanto desaparezca la «burbuja de frío» del tubo de humos.

Quemar desde arriba

Mucha gente empieza con un fuego pequeño y va echando leña encima una vez que ha empezado a arder bien. Pero los gases siempre ascienden, y si en lo alto no hay llamas suficientes para inflamarlos, contaminarán en vez de emitir calor. Existe una solución, y consiste en hacer que el punto de mayor calor esté encima de la leña que arde. En 2010, SINTEF lanzó una campaña en toda Noruega para animar a la gente a que quemara la leña desde arriba, porque reduce la emisión de gases, entre otros beneficios.

La técnica es así: los leños se colocan unos junto a otros en la parte de abajo de la estufa fría, de una a tres capas dependiendo de lo grande que sea la estufa. La leña de encendido se pone encima de estos, y también se pueden añadir pastillas para acelerar el proceso; en este punto, la técnica del valle y el puente es perfecta. Pronto el fuego empezará a bajar hacia la batería de leña. Los gases ascienden conforme se van calentando los leños, pero siempre habrá llamas arriba para consumirlos. El método funciona mejor en estufas de combustión limpia con una puerta grande y suministro de aire desde arriba, y en hogueras al aire libre, ya que consumen el humo nocivo. Requiere un poco de práctica, pero es una técnica muy útil.

También te permite encender el fuego y mantenerlo vivo en una sola maniobra. Es muy práctico para las estufas modernas con puerta de cristal que tienden a dejar escapar algo de humo cuando se abren para introducir leños grandes. Con este método, solo hace falta prender el fuego, esperar hasta que la madera se quede en brasas (que no emiten humo) y abrir la puerta para añadir más leña.

Contaminación mínima

El fuego echa humo y contamina si no quema con intensidad. No es hasta que la estufa está bien caliente y hay grandes brasas cuando llega el momento de los leños grandes. Si se introducen demasiado pronto, perderemos temperatura y tendremos una fase de evaporación muy larga. La excepción es si se enciende desde arriba, como hemos visto.

Incluso cuando la leña está quemando bien, hay que respetar una regla importante: meter siempre al menos dos leños a la vez, nunca uno solo. Un antiguo dicho noruego decía: «Un hombre no debe reñir, un leño solo no se puede consumir». Se refiere a que un gruñón corre el riesgo de quedarse solo en la cama matrimonial, donde se «apagará». Extrapolado al encendido de la leña, la moraleja es que siempre hay que usar dos leños, que deben yacer con unos centímetros de distancia. La física que subyace a este refrán es muy sencilla, y también encuentra su semejanza en el matrimonio: el calor de un leño hará arder los gases del otro, y los dos leños se encenderán recíprocamente.

Calentar de arriba abajo es una buena técnica en las estufas modernas cuyo suministro de aire está arriba. Abajo se coloca una tupida base de leños, que se enciende mediante un fuego pequeño construido encima.

Si el encendido es perfecto, se queman todos los gases de humo y las partículas de hollín. Sencillamente, todo lo que podría haberse convertido en contaminación se consume y se convierte en calor. No es tan difícil de conseguir como podríamos creer. La clave está en tener leña seca, suministrarle abundante aire a la estufa para que el fuego arda con fuerza y añadir más leña mientras la estufa todavía tiene brasas intensas.

Cuando la casa se ha caldeado, la temperatura de la habitación se regula con la cantidad y el tipo de leña, no con el respiradero. La leña picada no necesita una gran hoguera para consumirse del todo, y lo mismo puede decirse de las especies ligeras de madera con bajo poder calorífico.

Se obtiene una buena indicación de la limpieza de la combustión si se sale de vez en cuando a estudiar el color y el olor del humo. Si todo va como debe, solo debería salir de la chimenea un poco de vapor claro (aunque la leña tenga un 0% de humedad, es inevitable que se produzca un poco de vapor en el proceso de combustión), y no debería oler a nada.

Si en una situación de emergencia hace falta quemar leña que no esté del todo seca, debe picarse mucho y, a poder ser, quemarse con leña seca. Entonces se superan más rápido los estados de evaporación y brasas.

Aunque la leña debe arder alegre e intensamente, todo tiene su límite. Si la estufa se llena de astillas muy picadas, como por ejemplo restos de trabajos de carpintería, es posible que la superficie total que esté ardiendo sea excesiva. En ese caso la estufa se puede calentar en exceso: el metal cruje porque empieza a expandirse, y quizá aparezcan grietas. Esto conlleva peligro de incendio y puede dañar la estufa y el tubo de humos.

¿Es posible que la leña esté demasiado seca?

Ya vimos brevemente que existe la creencia de que la leña no debe estar «demasiado seca». SINTEF ha llevado a cabo experimentos que han mostrado que la leña nunca puede estar demasiado seca, por la sencilla razón de que toda presencia de humedad reduce el potencial calorífico. Sin embargo, los laboratorios han documentado un fenómeno parecido, que quizá esté en el origen de esta leyenda. Puede darse cuando se calienta con mucha leña seca de pino u otras especies ligeras, sobre todo si está muy picada. Si se mete mucha leña de este tipo en una estufa ardiendo, probablemente con muchas brasas y el suministro de aire cerrado, la leña perderá el retraso que da la fase de evaporación e irá de cabeza a la segunda fase, en la que enseguida empieza a emitir grandes cantidades de gas. La liberación de los gases puede ser tan rápida que a algunas estufas antiguas no les dé tiempo a suministrar suficiente oxígeno para quemarlos, y entonces los gases subirán sin quemarse por el tubo de humos. Los gases contienen la mitad del calor de la leña, y la única energía de la que se saca provecho es la de la combustión del carbono. El resto, literalmente, huye por la chimenea, y el poder calorífico se reduce a la mitad.

Visto así, la leyenda tiene cierto sentido: si la leña hubiera estado un poco más húmeda, las emisiones habrían sido más lentas y se habría quemado más gas. Pero estamos culpando a quien no lo merece, porque el problema no es la sequedad, sino el suministro de oxígeno de la estufa y la falta de tiempo de combustión. El fenómeno apenas se da en las estufas de combustión limpia, que están diseñadas para una buena combustión de los gases de humo. El problema también puede surgir si se calienta con demasiada intensidad, y estudios de la empresa Jøtul han demostrado que la eficiencia de la estufa puede disminuir si se fuerza por encima del nivel de combustión para el que está diseñado, precisamente porque impide que se quemen los gases. Como se puede leer en los manuales de Jøtul: «Quemar con demasiada intensidad hace que gran parte de la energía se desperdicie por el humero».

El deshollinador: el mejor amigo de la estufa

Un buen deshollinador te dará consejos útiles y objetivos acerca del estado de tu estufa y la mejor manera de usarla. También podrá medir el tiro y controlar el conducto de humos con una cámara de inspección. El deshollinado elimina la capa de hollín del tubo de humos y reduce el riesgo de incendio de chimenea. La cantidad y el tipo de hollín también son buenos indicadores de la calidad de la leña que has usado y de tu técnica de encendido. Siempre habrá una cierta cantidad de hollín seco, sobre todo si se quema pino, pero una capa brillante y vidriosa indica que hay creosota y alquitrán, lo que conlleva un alto riesgo de los temidos incendios de chimenea. En ese caso, la combustión se ha llevado a cabo a temperaturas demasiado bajas y posiblemente con leña verde.

Los incendios de chimenea suelen darse a principios de un periodo de frío, a menudo cuando usuarios poco experimentados se lanzan a calentar la casa a plena potencia tras muchos días en los que la chimenea solo ha recibido una cantidad limitada de aire. Hace unos años el Instituto del Deshollinado noruego presentó unas estadísticas según las cuales muchos incendios ocurrían un determinado fin de semana en la primavera, cerca del plazo para entregar la declaración de la renta. La explicación es que en ese momento la gente ponía orden en sus papeles y lo quemaba todo en la chimenea. El calor repentino prendía fuego al hollín. Ahora los noruegos usan técnicas y estufas modernas y limpias y la declaración de la renta se entrega por internet, así que el problema ha desaparecido.

Un incendio de chimenea se advierte desde el interior de la casa cuando empiezan a salir rugidos anómalos de la estufa y el tubo de humos. Desde fuera se verá cómo salen chispas o llamas de la chimenea, y con frecuencia son los vecinos o gente de paso los que avisan del problema. Un pequeño incendio en el hollín seco no suele tener mayor importancia, e incluso puede limpiar la chimenea, pero un incendio con creosota es otra cosa. La temperatura ascenderá a 1.200 °C, y es posible que se desprendan grandes astillas que bloqueen el conducto de humos o caigan a la estufa. La temperatura puede llegar a ser tan alta que se agriete la chimenea y prendan las viguetas del techo. La mejor manera de evitar los incendios es practicar una buena técnica de encendido y usar siempre leña seca, aparte de deshollinar de forma periódica.

Puesto que las chimeneas se construyen de una serie de materiales diferentes y los bomberos pueden ofrecer distintos enfoques a la hora del apagado, lo mejor es preguntar al deshollinador sobre la mejor manera de actuar en caso de incendio. En los países nórdicos el consejo general es cerrar los reguladores de ventilación de todas las estufas, también de las que no se estén utilizando, para cortar el suministro de aire al incendio. Luego llamar inmediatamente a los bomberos.

Una última regla de oro: para el vaciado de la ceniza vale la misma regla que para los amores perdidos: «Las antiguas brasas pueden convertirse en grandes llamas». Usa siempre un cubo metálico.

Liv Kristin y Peder Brenden, de Brumunddal, erigen las clásicas pilas alargadas con leños de unos 60 cm de longitud. Peder maneja la motosierra y Liv Kristin se ocupa de hender y partir las piezas y apilarlas, habitualmente por las mañanas, después del trabajo en el establo.

BRUMUNDDAL: LEÑA TALADA EN NAVIDAD

Es tradición que los familiares de Liv Kristin y Peder Brenden se reúnan cada Navidad en su granja de Brumunddal, en el este de Noruega. Pero no solo atraen a sus invitados con jamón confitado y tarta de almendras. A la familia le gusta el trabajo al aire libre, y en la semana de Navidad salen al bosque con el tractor y la motosierra.

Durante la primavera apilan la leña en pilas alargadas con piezas de 60 cm, un método noruego que implica que la leña se corte dos veces. Proporciona una serie de ventajas, entre otras que la leña puede apilarse en pilas estables independientes de varios metros de longitud.

Pero en la semana de Navidad se contentan con la mejor parte del trabajo: talan los árboles, los desraman y los juntan. Con tanta mano de obra voluntaria y el tractor a su disposición, no hacen falta muchas sesiones de trabajo para que

la familia tale árboles suficientes para un año entero. El hecho de trabajar al aire libre, en el bosque de abedul, aumenta el apetito por la noche, cuando la familia se reúne en la mesa con las costillas de cerdo y los demás platos navideños.

«Talar durante la semana de Navidad es una tradición en esta granja —dice Peder—. Por supuesto, podríamos hacerlo en otro momento, pero tiene algo de especial reunirse y trabajar todos juntos en un lugar que nos une desde pequeños.»

Peder y Liv Kristin cuentan que talar en invierno brinda una serie de ventajas para el ritmo de trabajo en la granja el resto del año. Además, los árboles tienen poca humedad y la tierra congelada con su capa de nieve hace que los troncos sean más fáciles de arrastrar. Si se talara en épocas de menos frío, el tractor dejaría huellas que dañarían el suelo del bosque, y el barro se pegaría a la corteza y a su vez a las cadenas de las sierras y las herramientas. El resultado final sería una chapuza.

Con la tala invernal, se lo ahorran. Hacia mediados de enero un tractor arrastra los troncos hasta un terreno de trabajo en las cercanías, y allí se cortan en trozos de 60 cm, es decir, una braza. Solo después del secado la leña se corta en piezas de uso de 30 cm.

Es Liv Kristin quien se ocupa de partir y apilar la leña. Las largas pilas revelan un trabajo excepcionalmente eficiente y preciso. Solo parte leños cuando las temperaturas descienden por debajo de cero, así la madera está congelada y se parte con facilidad, dejando una superficie lisa. De entrada, la pareja se resiste a usar las procesadoras de leña, solo les gustan las motosierras y la astilladora hidráulica.

Debajo de cada pila dejan palos largos en el suelo para asegurar una base estable y una buena distancia entre la leña y la tierra húmeda. Luego empieza el apilado, y aquí es donde vemos las verdaderas ventajas de los leños largos. Al final de cada pila se pone una torre cruzada (cada dos capas de través) de una altura aproximada de 1 m. Este «bloque de inicio» es pesado y estable, y los leños pueden apoyarse en él sin derrumbarse. Según se va avanzando, la estabilidad de los leños largos facilita el apilado, lo que supone un ahorro de tiempo con respecto a la leña más corta. Liv Kristin también aprecia la estabilidad de la leña larga, que ofrece la posibilidad de dejar mucha distancia entre los leños, lo que asegura un máximo de circulación de aire y un mejor secado.

La mayor parte de la leña es de abedul, pero la pareja se preocupa por tener también algo de álamo temblón en la pila. Les gusta la tranquilidad con la que esta especie arde y la hermosa luz que da a la chimenea, pero también es un homenaje a la historia de la granja, que antaño suministraba álamo temblón a la fábrica de cerillas de Nittedal.

Toda la calefacción de la gran casa principal procede de una única estufa de leña. La vivienda está hecha de tal manera que el calor de esta estufa, una Contura, se propaga por todas las habitaciones. Además, se le ha añadido a la estufa un suministro de aire fresco desde el exterior, así que no consume el aire del interior de la casa. La única fuente extra de calor es un radiador eléctrico en el baño.

En Semana Santa toda la leña está partida y apilada. Entonces la pareja empieza la preparación de la siembra de primavera, y las largas pilas se quedan secando al calor del sol y al aire fresco. No hace falta cubrir la leña con una lona, la escasa lluvia que cae en esta época del año desaparece rápidamente por los huecos de la pila y, al ser estable, esta aguanta el viento fuerte sin derrumbarse.

«En una granja es importante asegurarse contra las sorpresas desagradables —dice Liv Kristin—. Una pila que se derrumba en pleno periodo de siega, u otro tipo de tareas fijas en el calendario, puede ser una desgracia.»

Las condiciones de secado son tan buenas que los leños están listos cuando llega la siguiente etapa en julio, después del ensilado. La leña se carga en un remolque y se lleva a la granja, se parte en dos con una tronzadora eléctrica y se apila en la leñera. Allí se puede apilar apretada para aprovechar el espacio, puesto que ya está seca.

Con la leña larga, el número de maniobras hasta que esta llega a la leñera se reduce a la mitad. Es parte de la razón por la que antes en Noruega la práctica habitual era entregar leños de 60 cm y dejar el último corte para el usuario final.

El número de operaciones de trabajo es exactamente el mismo cuando la leña se corta dos veces, pero el manejo, el astillado, el apilado y el transporte se hacen más rápido, por la sencilla razón de que si la leña es el doble de larga se divide por dos el número de movimientos de trabajo en la primera fase.

También ayuda que en la última fase el diámetro de los leños sea tan pequeño que se puedan trabajar con una herramienta rápida, como una pequeña tronzadora eléctrica. Si se tiene mucha leña pesada, es una ventaja, pero requiere una astilladora capaz de trabajar con longitudes grandes.

«A veces la gente se para en el camino y comenta que trabajamos con leña larga, de la antigua medida —afirma Peder—. Nos dicen: "Qué curioso. Recuerdo que así lo hacíamos nosotros antes". Pero a nosotros no nos mueve la nostalgia, sencillamente hemos aceptado que el método antiguo, mejorado a lo largo de muchos años, da buena leña, y además invita a un ritmo de trabajo que combina bien con el resto de las labores de la granja. Por ejemplo, hay tiempo para el astillado y el apilado entre las sesiones de trabajo en el establo, y antes de que empiece el laboreo de primavera.»

«A lo mejor ahorraríamos algo de tiempo si utilizáramos una procesadora de leña —dice Liv Kristin—. Pero sería mucha maquinaria para el uso que podríamos darle, y además perderíamos el contacto manual con la leña. A nosotros nos gusta aprovechar utensilios sencillos, que no tratan con dureza la leña. Al tío de Peder le irritaban las herramientas que hacían ruido. Siempre que alguien hacía una nueva adquisición para el tractor, decía: "Mm, supongo que eso también hará un zumbido". No es que fuera un tipo difícil o chapado a la antigua, sino que, igual que nosotros, apreciaba el silencio que encontraba en el trabajo manual.»

BURNING LOVE

Vuelvo a pensar en mi vecino.

Un año después de que despertara mi interés por la leña, llegó otra primavera, como ocurre siempre. El mismo tractor se acercó ronroneando calle abajo, igual que había hecho el año previo.

Y allí estaba Ottar, de nuevo, apilando su leña. Otra vez el trabajo manual pareció darle fuerzas, le trajo gratamente a la memoria que, pese a la enfermedad pulmonar, aún era capaz de comenzar y terminar poco a poco un trabajo a gran escala.

Un mes después, la nieve había desaparecido y la leña se apilaba ordenada en la leñera. Ottar seguía alegre y activo, pero noté algo. Algo había cambiado en su manera de contemplar la pila de leña.

Llegó el invierno.

Un día la ambulancia aparcó delante de su casa y no parecía tener prisa.

A lo mejor era eso lo que yo había visto en su rostro al cerrar la puerta de la leñera aquella primavera: la certeza de que esa pila lo sobreviviría. Que lo que en realidad estaba haciendo era apilar leña para su esposa.

La mujer con la que llevaba casado más de cincuenta años.

Veo su casa desde la misma ventana de la cocina en la que me encontraba cuando decidí escribir este libro. El humo blanco de la chimenea me dice que la leña es buena y seca. Ahora calienta a su viuda, mientras pongo el punto final.

PÁGINAS 182-183. Un clásico en las zonas rurales de Noruega: leña perfectamente apilada y seca, cubierta de chapa ondulada sujeta con antiguos neumáticos de invierno.

LOS DATOS EN BRUTO

———

UNIDADES DE MEDIDA DE LA LEÑA

- 1 ms^3 = 1 metro cúbico sólido, es decir, el volumen de 1.000 litros de masa sólida sin aire. Suele usarse en cálculos técnicos.
- 1 me^3 = 1 metro cúbico estéreo, es decir un volumen de 1.000 litros que ocupan la madera y el aire. Se usa con frecuencia para la leña apilada.
- 1 braza noruega de leña: 4 m x 1 m (o 2 m x 2 m) con leños de 60 cm. Una braza equivale a 2,4 me^3 de leña apilada (masa con aire) y 1,6 me^3 (masa sólida).
- 1 braza pequeña: como una braza noruega, pero con leños de 30 cm.
- 1 cuerda americana *(cord)*: 8 x 4 x 4 pies (244 x 122 x 122 cm). Equivale a 3,6 me^3 y a 2,4 ms^3.
- 1 braza grande de leña: 2 m x 2 m en rollos de 3 m de longitud. Equivale a unos 12 me^3 y 6,7-7 ms^3.
- Estéreo = unidad de medida para leña, equivalente a la que puede apilarse en 1 m^3.
- El porcentaje de masa sólida de leña apilada de 60 cm es aproximadamente el 65%.
- El porcentaje de masa sólida de leña apilada de 30 cm es aproximadamente el 74%.
- El porcentaje de masa sólida de la leña sin apilar (en un remolque o en un saco grande) de 30 cm es aproximadamente el 50%.[*]

---

[*] Los porcentajes son los estándares de los fabricantes noruegos. La base para calcular la leña apilada es que toda la leña estará más o menos torcida y tendrá ramas y otras irregularidades que crean huecos en el apilado de la leña. Por ello, la masa sólida será menor cuanto más delgados y/o picados estén los leños. Igualmente, será menor cuanto más larga sea la leña, ya que la rama o la curva creará una apertura en la capa de leña igual a la longitud del leño.

Velocidad de secado para el abedul

La tabla muestra el porcentaje de humedad presente en leña secada en diversas condiciones en Hedmark, Noruega, una zona en la que la humedad es baja durante la primavera. El secado se inició a finales de mayo, y se llevó a cabo al aire libre pero bajo techo. Los leños de abedul tenían una longitud de 35 cm aunque su grosor variaba. Las cifras muestran que la leña seca más rápido si la circulación del aire es buena, y que la leña ya seca se humedece ligeramente durante el otoño debido al aumento en la humedad del aire. Las cifras presentan el porcentaje de humedad relativo, es decir, con respecto al peso total, e indican que la leña se seca sorprendentemente rápido en buenas condiciones. En condiciones más húmedas, pueden hacer falta dos años de secado.

	Apilado suelto, buena circulación del aire	Apilado suelto, poca circulación del aire	Apilado compacto, poca circulación del aire
Inicio	42,9%	42,9%	42,9%
2 días	32,8%	36,8%	40,7%
1 semana	26,6%	29,8%	36,7%
2 semanas	23,7%	26,5%	32,8%
3 semanas	20,1%	23,7%	30%
4 semanas	18,5%	21,8%	28,7%
5 semanas	17,1%	20,1%	27,5%
2 meses	16,4%	18,4%	24,7%
3 meses	15%	16,8%	21,7%
6 meses	16,8%	18,1%	20,6%

Poder calorífico

La tabla revela el poder calorífico de los árboles más comunes de Noruega. La densidad (peso) representa la media de árboles derivada de bosques en diferentes lugares de Noruega. La densidad de algunas especies, como el pino, puede variar hasta el 30%.

Todas las cifras de la tabla se refieren a leña completamente seca, es decir, con un 0% de humedad. Esto significa que para obtener cifras aplicables al mundo real hay que calcular en función del contenido de humedad y la eficiencia de las condiciones de combustión. La diferencia de poder calorífico entre las distintas especies es mínima, y la tabla se vale de la cifra de referencia de 5,32 kWh por kilo de leña totalmente seca para todas las especies. Si contamos con un 20% de humedad, un kilo de leña «normalmente seca» da 4,2 kWh; quemado en una estufa con un 75% de eficiencia, el rendimiento final de energía sería de 3,2 kWh por kg.

Especie	Peso por ms³ (masa sólida) en kg	KWh por ms³	Peso por 1 m³ de leña apilada	kWh por 1 m³ de leña apilada	Peso por braza	kWh por braza	Factor
Acebo	675	3.591	450	2.394	1.080	5.746	1,35
Carpe	660	3.511	440	2.341	1.056	5.618	1,32
Nogal	640	3.405	427	2.270	1.023	5.449	1,28
Tejo	600	3.192	400	2.128	960	5.107	1,20
Haya	570	3.032	380	2.022	912	4.852	1,14
Roble	550	2.926	367	1.951	880	4.682	1,10
Fresno	550	2.926	367	1.951	880	4.682	1,10
Olmo	540	2.873	360	1.915	864	4.596	1,08
Serbal	540	2.873	360	1.915	864	4.596	1,08
Alerce	540	2.873	360	1.915	864	4.596	1,08
Arce	530	2.820	353	1.880	848	4.511	1,06
Avellano	510	2.713	340	1.809	816	4.341	1,02
Abedul	500	2.660	333	1.773	800	4.256	1,00
Cerezo aliso	490	2.607	327	1.738	784	4.171	0,98
Pino	440	2.341	293	1.561	704	3.745	0,88
Aliso negro	440	2.341	293	1.561	704	3.745	0,88
Sauce	430	2.288	287	1.525	688	3.660	0,86
Tilo	430	2.288	287	1.525	688	3.660	0,86
Álamo temblón	400	2.128	267	1.419	640	3.405	0,80
Abeto	380	2.022	253	1.348	608	3.235	0,76
Chopo	380	2.022	253	1.348	608	3.235	0,76
Aliso gris	360	1.915	240	1.277	576	3.064	0,72
Tuya gigante	320	1.702	213	1.135	512	2.724	0,64

Fuente: Instituto del Bosque y el Paisaje de Noruega, Ås.

Contenido de ceniza en peso seco (porcentaje)

	Abedul	Pino	Abeto
Leña del tronco	0,4	0,4	0,5
Corteza	2,2	2,6	3,2
Ramas	1,2	1,0	1,9
Hojas	5,5	2,4	5,1
Árbol entero con follaje	1,0	0,9	1,6
Árbol entero sin follaje	0,8	0,8	1,3

Volumen de un abedul

El diámetro se ha medido a 1,3 m sobre el suelo. El volumen está indicado en litros. Aunque la tabla muestra el abedul, da una buena indicación para otros árboles de tronco recto.

Diámetro (cm)	Altura (m)				
	10	15	20	25	30
10	38	54	69		
15	84	120	156	192	
20	142	206	271	336	401
25	209	309	410	512	614
30		426	571	717	865
40		686	944	1.204	1.464
50			1.364	1.768	2.174

Fuente: Instituto del Bosque y el Paisaje de Noruega, Ås.

Número de kilovatios/hora en un abedul

Estimado con 20% de humedad en la leña y una estufa con un 75% de eficiencia.

Diámetro (cm)	Altura (m)				
	10	15	20	25	30
10	76	108	138		
15	168	239	311	383	
20	283	411	541	670	800
25	417	616	818	1.021	1.225
30		850	1.139	1.430	1.726
40		1. 369	1.883	2.402	2.921
50			2.721	3.527	4.337

Necesidad de tala

La tabla muestra el número de abedules del mismo tamaño necesarios para dar 12.000 kWh. El cálculo está basado en un 20% de humedad en la madera y una estufa con el 75% de eficiencia.

Diámetro (cm)	Altura (m)				
	10	15	20	25	30
10	158	111	87		
15	72	50	39	31	
20	42	29	22	18	15
25	29	19	15	12	10
30		14	11	8	7
40		9	6	5	4
50			4	3,5	3

FUENTES

————

Motosierras
Stihl / www.stihlusa.com
Jonsered / www.jonsered.com
Husqvarna / www.husqvarna.com
Partner / www.partner.biz/int/

Hachas
Hermanos Øyo/ www.oeyo.no/home
Hultafors / www.hultafors.com
Gränsfors / www.gransforsbruk.com/en
Wetterlings / www.wetterlings.com
Fiskars / www3.fiskars.com
Leveraxe / www.vipukirves.fi

Estufas de hierro fundido cerradas
Morsø / www.morsona.com
Jøtul / www.jotul.com
Contura / www.contura.eu

Estufas de esteatita
Granit Kleber / www.norskkleber.no/en/

Estufas de cocina
Josef Davidssons Eftr / www.vedspis.se/en/
La Nordica / www.lanordica-extraflame.com/en/

Estufas en España
Hergóm / www.hergom.com
Panadero / www.panadero.com
Salgueda / www.salgueda.com
Ferlux / www.ferlux.es
Traforart / www.traforart.net
Carbel / www.carbel.net
Edilkamin / www.edilkamin.com
Rocal / www.rocal.es
Lacunza / www.lacunza.net

BIBLIOGRAFÍA

AEFECC (Asociación Española de Fabricantes de Estufas, Chimeneas y Cocinas para combustibles sólidos).

Børli, Hans: *Med øks og lyre: Blar av en tømmerhuggers dagbok.* Oslo, Aschehoug, 1988.

Cook, Dudley: *Keeping Warm with an Ax.* Nueva York, Universe Books, 1981.

Hamran, Ulf: *Gamle ovner i Norge.* Oslo, C. Huitfeldt, 1989.

Herikstad, Per Erik: *Vedfyring og varme.* Oslo, Landbruksforlaget, 1995.

Hohle, Erik Eid (ed.): *Bioenergi.* Brandu, Noruega, Energigården, 2001.

Langhammer, Aage (ed.): *Bjørk, osp, or.* Ås, Noruega, Norges Landbrukshøgskole, 1977.

Lindbekk, Bjarne: *Våre skogstrær.* Stavern, Noruega, Omega, 2000.

Logan, William Bryant: *Oak, the Frame of Civilization.* Nueva York, W. W. Norton, 2005.

Ministerio de Agricultura, Alimentación y Medio Ambiente.

Moe, Daniel: *Svenska hushålls vedarbete.* Upsala, Suecia, Sveriges Lantbruksuniversitet, 2007.

More, David, y John White: *Illustrated Trees of Britain and Northern Europe.* Londres, A. & C. Black, 2012.

Philbrick, Frank, y Stephen Philbrick: *The Backyard Lumberjack.* North Adams, Massachusetts, Storey Publishing, 2006.

Ryd, Yngve: *Eld.* Estocolmo, Natur och Kultur, 2005.

Skogstad, Per (ed.): *Treteknisk håndbok nr. 4.* Oslo, Treteknisk Institutt, 2009.

Solli, Svein: *Fyring med ved og brenselflis.* Oslo, Landbruksforlaget, 1980.

Thoreau, David Henry: *Walden.* Madrid, Cátedra, 2005. Traductores y editores: Javier Alcoriza y Antonio Lastra.

Vevstad, Andreas: *Motorsaga. Årbok for Norsk Skogbruksmuseum*, 9, 1978-1981.

AGRADECIMIENTOS

Gracias a Arne Fjeld, Ole Haugen, Ruben Knutsen, Liv Kristin Brenden y Peder Brenden. Gracias también a Simen Gjølsjø del Instituto del Bosque y el Paisaje de Noruega, Edvard Karlsvik de SINTEF, Henning Horn del Instituto de la Madera noruego, Kristin Aasestad de la Oficina de Estadística de Noruega, Magnar Eikerol de la Universidad de Gjøvik y, finalmente, Gunnar Wilhelmsen y Mari Sivertsen. Todos han compartido conmigo experiencias, datos y consejos muy valiosos.

Título original: *Hel Ved*
Primera edición en castellano: noviembre de 2016

© 2011, Lars Mytting
Esta edición c/o SalmaiaLit, Literary Agency
© 2016, de la presente edición en castellano para todo el mundo:
Penguin Random House Grupo Editorial, S. A. U.
Travessera de Gràcia, 47-49. 08021 Barcelona
© 2016, Kristina Solum y Antón Lado, por la traducción
© Diseño de cubierta: John Gall
© Diseño de interiores: Darilyn Lowe Carnes
Los diseños de cubierta e interiores son una adaptación de la edición británica
publicada en 2015 por MacLehose Press
© Ilustraciones: Meesang Lee

© Todas las fotografías: Lars Mytting, excepto p. 2: Knut By/Tinagent; p. 22: Pekka
Kyytinen/Museo de la Ciudad, Helsinki; p. 50: Jonsered Sweden; p. 59: Stig Erik Tangen;
p. 87: Roar Greipsland; p. 112: Christopher MacLehose; p. 113: Erling Gjøstøl; p. 119: Morten Aas;
p. 139: Inge Hådem; p. 148: Granit Kleber AS; p. 154: Helge Løkamoen; p. 166: Ole Martin Mybakken

LA TRADUCCIÓN Y LA PRODUCCIÓN DE ESTE LIBRO
HAN SIDO REALIZADOS CON LA AYUDA ECONÓMICA DE NORLA

Printed in Spain – Impreso en España

ISBN: 978-84-204-2414-9
Depósito legal: B-19681-2016

Impreso en Futurgrafic, Molins de Rei (Barcelona)

AL 2 4 1 4 9

Penguin
Random House
Grupo Editorial